ОТКРОВЕНИЯ О ВЕЧНОЙ ЖИЗНИ
В ПРЕДДВЕРИИ СМЕРТИ

Доктор Джей-Рок Ли

"Arise, shine;
for your light has come,
And the glory of the LORD has risen upon you."
(Isaiah 60:1)

1. The Holy Spirit World Explosion Crusade in Seoul Region
2. The Imjingak Prayer Meeting for the Unification of South and North
3. Fasting Prayer Meeting for Korea and its People

Manmin Central Church leads national evangelization and world mission

4. Jubilee Crusade for the Unification of South and North at the Yoido Square
5. Main Sanctuary of Manmin Central Church
6. Launch Ceremony of Global Christian Network
7. Easter Cantata
8. Thanksgiving Feast Sunday
9. Church Anniversary
10. WCDN Conference in 2006
11. Pilgrimage to the Holy Land

Countless people testified to their miraculous healings

1. Kenya Holy Gospel Crusade
2. Russia Miracle Healing Festival
3. Pakistan Great United Crusade
4. Germany Healing Festival
5. New York Crusade
6. Democratic Republic of Congo Miracle Healing Festival
7. Uganda Holy Gospel Crusade
8. Peru Healing Crusade
9. Honduras Crusade
10. Philippine Crusade
11. Israel United Crusade

"You will **receive power** when the **Holy Spirit** has come upon you; and you shall be My witnesses both in Jerusalem, and in all Judea and Samaria, and even to the remotest part of the earth."

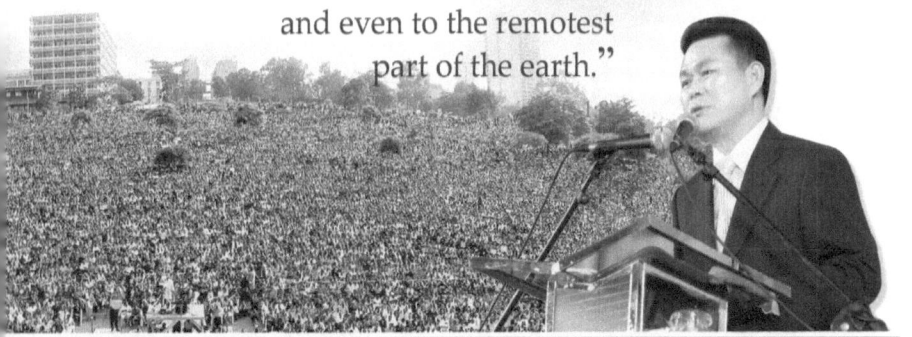

Overseas Great United Crusades with Dr. Jaerock Lee

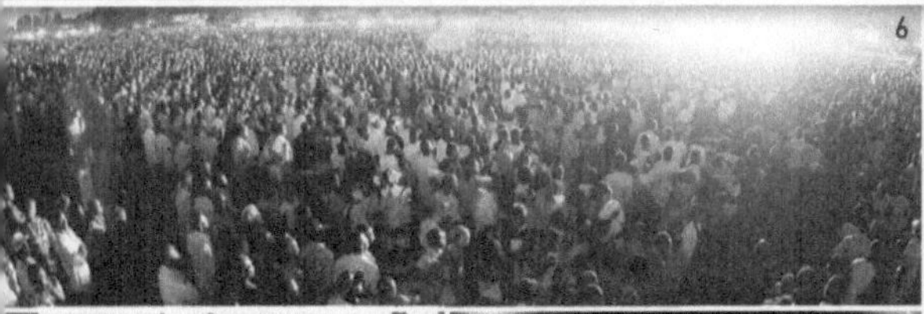
6

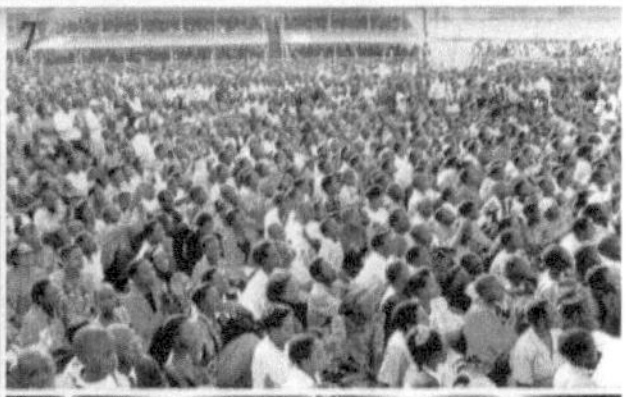
7

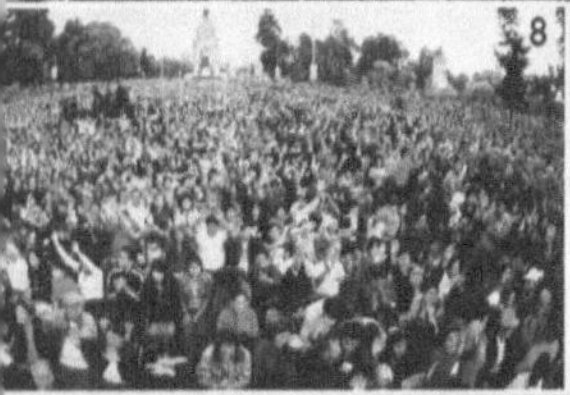
8

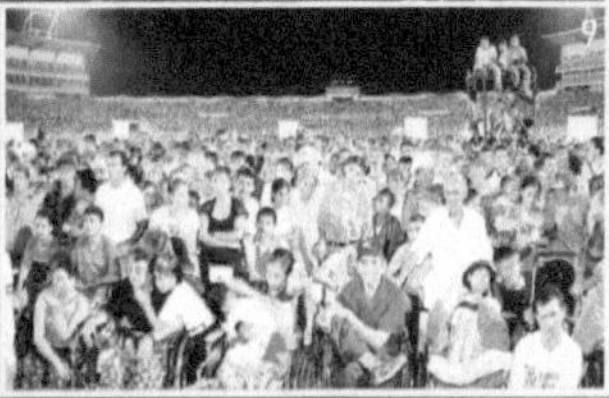
9

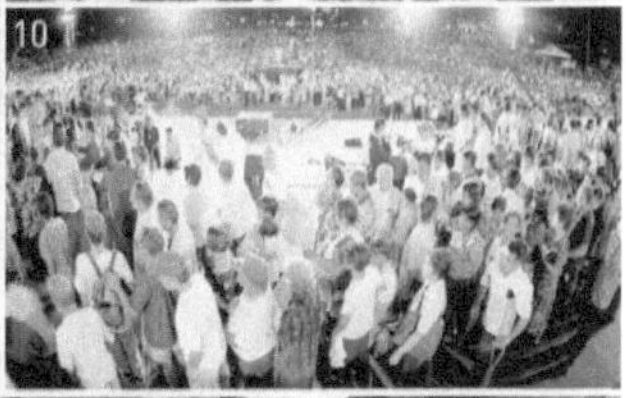
10

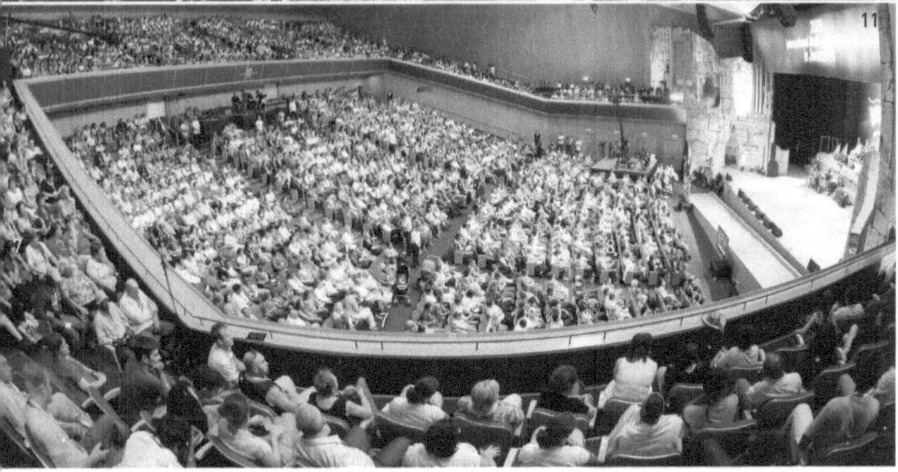
11

1. A marvelous rainbow photographed at the DR Congo Miracle Healing Festival
2. Performance of Manmin Praise Team
3. A dove sitting on the shoulder of the speaker at Peru Healing Crusade

"Once God has spoken; Twice I have heard this:
That power belongs to God" (Psalm 62:11)

The power of the Holy Spirit has shaken the world

2002 India Miracle Healing Prayer Festival attended by more than 3 millions
Through Dr. Jaerock Lee's life-filled messages and powerful prayer, countless amazing healings took place and a number of people converted into Christianity

" Now it shall be, if you diligently obey the LORD your God,
being careful to do all His commandments which
I command you today, the LORD your God will set
you high above all the nations of the earth."

(Deuteronomy 28:1)

Jesus Christ is our only Savior

1. Photographed along with many pastors from abroad
2. Invited for friendly talks by President of
   Peru Alejandro Toledo in 2004
3. Invited by President of DR Congo Joseph Kabila in 2006

4. Receives the plaque of appreciation
   from the 2002 India Crusade Organizing Committee
5. The Uganda Holy Gospel Crusade featured on CNN
6. Receives the plaque of appreciation
   from the 2001 Kenya Crusade Organizing Committee
7. Prays for blessing at the Los Angeles City Council of USA
8. Receives his Ph. D. of Ministry
   from the Kingsway Theological Seminary, Iowa, USA
9. Receives the plaque of "Proclamation"
   from the New York City Council, USA
10. Visited by S. K. Tressler,
    Minister of Culture and Sports of Pakistan in 2000

ОТКРОВЕНИЯ О ВЕЧНОЙ ЖИЗНИ

В ПРЕДДВЕРИИ СМЕРТИ

Доктор Джей-Рок Ли

Откровения о вечной жизни в преддвери смерти

ISBN: 978-89-7557-048-3 (03230)
Первое издание на русском языке МРО ХВЕ «Свет Христа», 2003 г.
Авторское право © 1987 Urim Books
Все права защищены. Никакая часть данной книги не может быть воспроизведена в какой бы то ни было форме без письменного разрешения издателя.

УРИМ БУКС (Urim Books)
851, Guro-dong, Guro-gu
Сеул, Республика Кореи

Редактор Кум-Сон Бин
Издано в Сеуле, Корея, Сонг-Коном Вином
Изготовлено в Республике Кореи
Первое издание: 2003 г
Второе издание: 2006 г.
Третье издание: 2008 г.
4-е издание: 2010 г.

Примечание к тексту книги:
Все цитаты из Библии воспроизведены согласно Синодальному переводу
Книг Священного Писания Ветхого и Нового Завета

От автора

*Я хотел бы, чтобы эта книга
спасла души многих людей.*

Прежде всего, я хочу поблагодарить и восславить Господа Бога за то, что он вдохновил меня на создание этой книги.

Господь Бог дал мне задание собрать все свои воспоминания воедино и создать книгу откровений. Для меня — человека, который не любит писать — это было нелегко.

Оглянувшись назад, я могу сказать, что с того дня, когда я исцелился от недуга, которым страдал семь лет, и стал рабом Божьим, и до сего момента каждое мгновение моей жизни было чудом, которое творит Господь, каждая секунда была наполнена Господом.

Вот почему я уверовал в то, что описание пройденного мною пути в этой книге станет для всех неверующих доказательством того, что Бог существует. Но обстоятельства долгое время складывались так, что я никак не мог начать работу. Осознание важности этой книги и страстное желание писать еще более ввергли меня в отчаяние. Но Господь не оставил меня и послал мне дьякона Бин Гым Сона, служащего в нашей церкви. Пользуясь случаем, хочу поблагодарить дьякона за его нелегкий труд в создании этой книги. Да благословит его Бог за терпение и труд!

Эта книга — первое детище, которое родилось в стенах центральной церкви Манмин, что очень значимо для нас.

На сегодняшний день важность этой книги как «орудия» благовествования приобрела свое особое значение. Мы уверены, что для читателей эта книга будет не временным и преходящим явлением в их жизни, но заставит снова и снова перечитывать страницы, чтобы испытать еще раз благодать Божью. Мы надеемся, что этот труд станет духовным путеводителем для всех, кто его прочтет.

Молитвами людей и Божьей помощью эта книга была создана за короткий срок. Я хотел бы поблагодарить Ким Му-Чжонга, Ким Енг-Чжина и других работников издательства «Урим» за их помощь в создании сборника.

Всем сердцем и душой я желаю, чтобы этот сборник откровений стал доказательством безграничной любви и милости, чудес и провидения Иисуса Христа, Сына Божьего.

17 апреля 1987 года
пастор Джей-Рок Ли

Предисловие

*Создавая эту книгу,
я видел многочисленные плоды нашего труда...*

Позвольте в первую очередь поблагодарить и восславить Господа нашего за то, что Он давал мне силы и вел меня в работе по сбору материала для создания сборника откровений нашего дорогого и любимого пастора Джей-Рок Ли.

После того, как пастор Ли встретил «живого Бога», он стал Его страстным служителем; жил только с мыслью о Боге (по смыслу Божьему); спас бессчетное множество душ своим удивительным даром. В мае 1983 года пастор Ли слышал слово Божье, и получил откровение, и стал он рабом Божьим, превращающим «шелуху в зерно» и творящим духовное воскрешение.

Ровно пять лет назад, когда я был в поисках любви Божьей и, молясь за церковь и пастыря нашего доброго, встретил пастора Ли. Именно через его слово в мою душу навсегда вселилась надежда о рае небесном. Каждый день я чувствовал, что расту духовно. Радость и ликование в душе моей заставили меня задуматься над тем, что я могу сделать для Царства Божьего и для пастора Ли.

И тогда мне предоставился случай запечатлеть на бумаге все чудеса, которые были сотворены пастором Ли. Я был преисполнен гордостью за миссию, которую должен был выполнить. Для меня — человека и слуги Господа нашего — жизнь, наполненная смыслом, была благословением и радостью.

В этой книге описан не просто жизненный путь пастора Ли, сюда вложены мысли пастора, о которых он говорит каждый день. Я хочу заранее предупредить читателей, что некоторые главы этого труда имеют описательный характер, так как через эту книгу мы попытались передать значение промысла Божьего.

Я не учился литературным законам письма, но Господь, одарив меня (талантом), через молитву и сон помогал мне в создании это книги. Можно бесконечно рассказывать о том, как Бог помогал мне. Название книги и глав — все было дано мне свыше.

Я сожалею лишь о том, что у меня не было достаточно времени для общения с пастором, поэтому многие моменты описаны не так подробно, как хотелось бы. Но в будущем мы планируем выпустить еще несколько книг пастора Ли, и они смогут исправить недостатки этой книги.

В заключение я хотел бы пожелать, чтобы эта книга принесла многочисленные плоды и стала орудием Господа, что снова и снова будет доказывать, что Бог есть любовь, Бог есть чудо, Бог есть сила.

17 апреля 1987 года
дьякон Бин Гым-Сон

СОДЕРЖАНИЕ

Часть первая
На пороге смерти • 1
1. Смерть — как «благодарность родителям»
2. Детство
3. Борьба за жизнь
4. Бегущее время

Часть вторая
Чудеса • 27
1. Любовь
2. Больная плоть и раненая душа
3. Упрямая жизнь
4. Моя сестра
5. Второе рождение

Часть третья
О, Боже! • 65
1. Новая жизнь
2. Дай мне силы простить!
3. Чтобы пройти свой путь

Часть четвертая
От опытности надежда • 93
1. Грешник
2. Крест
3. Бог живой
4. Ибо я могу...
5. Открытие
6. Сосуд

Часть пятая
Откровения • 149
1. Благословенные
2. Глас Божий
3. Правитель
4. Сердце откровений

Часть шестая
Драгоценная жизнь • 179
1. Воспоминания
2. Вчера
3. Сегодня
4. Завтра
5. Всему сущему...

Часть седьмая
Мой любимый человек • 205
1. И всю славу...
2. По замыслу Его
3. Вечность

Часть первая

На пороге смерти

1. Смерть — как «благодарность родителям»

Лето 1972 года

Лето сменило весну, и мир вокруг стал зеленым. Порывы ветра доносили нежный запах акации. Но в моей душе и теле царила жестокая и холодная зима.

Природа устроена так, что после долгой зимы лед тает и превращается в весенний ручей, деревья после зимней спячки надевают весенний наряд. Все меняется в природе. Но лишь я один не знал, могу ли надеяться, имею ли право на свою весну.

В тот день я лежал в постели и наблюдал за облаками из своей крошечной комнатки.

«Вон то облако. Оно, наверно, такое же мягкое, как руки моей мамы! Как бы я хотел стать облаком и беззаботно бродить вслед за ветром по белому свету. Я бы летал и не знал, что такое печаль и зависть».

Мне всего тридцать лет. Возраст, когда еще не остыл юношеский пыл и уверенность, что ты можешь свернуть горы. А я вынужден каждый день смотреть на свою плоть, разрушаемую недугом.

Уже не осталось слез и надежды на исцеление. Во мне остался лишь животный инстинкт — выжить. Голубое небо, которое я мог видеть за окном, было таким прекрасным. Из-за облаков выглянуло солнце, и мне захотелось каждой клеточкой своего тела почувствовать солнечное тепло.

Я с трудом встал и мгновенно почувствовал острую боль в суставах и головокружение. Это были симптомы анемии. Я не смог подавить в себе сильного желания выйти наружу. Опираясь на палку, я дошел до двери и вышел из комнаты. И тут чуть не вскрикнул: я так долго не выходил, что был ослеплен солнечным светом и опьянен свежим воздухом.

Мелкими шажками я прошел через двор. У меня выступил холодный пот. Но как только я увидел Ханган, (название реки)мне стало легче.

Район, в котором я жил, назывался Кымходонг. Нагроможденные друг на дружку дома, нелепая архитектура — все выглядело жалким. Но именно бедняки, живущие в этих убогих и жалких домах, еще сохранили человеческое тепло. Каждый раз, когда я выползал из своей комнатки, я чувствовал на себе взоры людей, наполненные истинной заботой и вниманием.

«Жители этого района, все вы живете и не сетуете на свою судьбу за то, что вам приходится постоянно проделывать путь вниз и вверх, потому что район этот находится на сопке. Все вы живете и не ропщете...» Мне стало так невыносимо смотреть на них, полных энергии людей, что меня стали душить приступы жалости к самому себе. Стало тревожно. Я был утомлен, и мне хотелось быстрее прилечь. Я снова оперся о палку и пошел обратно в комнату.

Плач матери

В душной комнатушке от постоянно расстеленной постели стоял затхлый воздух и пахло лекарствами.

Я не знаю, сколько пролежал в постели, когда услышал, что кто-то стучится в дверь. «Кто бы это мог быть...? — подумал я. — Жена ушла на работу, дочка играет с детьми на улице...»

— Джей Рок Ли!
— Это я, мама.
— Ты дома?

«Мама!? Зачем она пришла... Добираться до нас так тяжело, а ведь ей уже семьдесят...»

Мама зашла в комнату и очень долго смотрела на меня, истощенного и немощного. Молча осмотрела наше скромное хозяйство.

— Мама, присядьте сюда.

Не выдержав, мама начала плакать. Постепенно плач перешел в рыдания. Мама била рукой об пол и рыдала.

— Умри! Лучше умри! Не мучай себя, не мучай жену! Не терзай мое сердце! Смерть будет мне твоей благодарностью. Понимаешь, благодарностью... Благодарностью-ю-ю.... Ой, Господи...

Плач матери не прекращался. А я понял только, что мама говорила искренне... Как велики были ее страдания, если она пожелала мне смерти. Я был в шоке и не сводил глаз с плачущей матери.

«С таким трудом прийти сюда, куда даже молодые люди добираются с больши усилием, и, не разобравшись, требовать от больного сына смерти! Как мать может говорить такое!»

От обиды у меня в горле стоял ком. Я не выдержал и расплакался.

Это была моя мама — женщина, потратившая всю свою жизнь на мужа и детей. Приехав из деревни в большой город, она не отказывалась ни от какой работы, потому что труд был ей в радость. Только одна мама, чтобы вылечить меня, искала везде лекарство, которое могло бы мне помочь. Но теперь ее исстрадавшееся сердце уже не может выносить муку — видеть, как мучается ее ребенок. И она желает мне смерти. Я был в отчаянии.

Противоречия

Глубоко врезанные морщины на лице, низко опущенные плечи, будто на них водрузили тяжелые каменные глыбы, высохшее тело матери — еще более опечалили меня. Я мучился и страдал не менее ее.

Эта комната в неправильно построенном доме, за которую каждый месяц мы должны были исправно платить, иначе мы лишимся и этого крова, потрепанные матрасы и одеяла, деревянная палка, кружка с остатками лекарства и бесчисленное количество пакетиков с таблетками — все наводило тоску.

«Да, лучше умереть. Моя смерть будет решением всех проблем. Если я умру, по крайней мере, не буду мучить близких мне людей. Да, им будет больно, но это не надолго. Пройдет время, мой образ сотрется и поблекнет в их памяти, и все смогут начать новую жизнь. Да, лучше распрощаться с этим миром навсегда».

Смотря на рыдающую мать, я уже решил для себя умереть. Я не мог более видеть, как плачет мать, и отвернулся, повернувшись к окну. Солнечные лучи мгновенно ослепили меня. И вдруг во мне проснулось страстное желание жить. И о смерти я уже думал по-другому.

«Я еще молод! Еще рано умирать. Я так долго мучил своих близких. Я не могу умереть, ничего не сделав для них. Я должен жить и должен выполнить свой долг перед ними. Я докажу всем, что еще на что-то способен».

Совсем не знаю, откуда у меня появились силы. Но я страстно хотел жить, и это желание исходило из глубины моей души.

«Мое тело измучено болезнью. Но я должен победить. Я обязательно одержу победу».

Глупая смерть

В моем сознании смешались мысли о жизни и смерти. Я еще раз попытался посмотреть на себя со стороны. Не было никаких причин для смерти, но у меня уже были попытки свести счеты с жизнью.

На земле очень много людей выбирают смерть, так и не поняв, в чем смысл жизни, что такое смерть и что такое жизнь.

Выбрать смерть, потому что цель, к которой ты стремился всю жизнь, в конце концов, оказывается неосуществимой — это просто непонимание величия жизни. Мы часто слышим и видим в прессе и по телевидению, что кто-то распрощался с жизнью, потому что разорился; какой-то молодой человек покончил с жизнью, потому что не сдал вступительные экзамены; какой-то ученик, получив плохие оценки и боясь гнева родителей, посчитал, что смерть все решит за него. Все они выбирают смерть, потому что не получают то, чего хотят.

Многие выбирают смерть во имя любви. Кто-то умирает потому, что его любви не суждено осуществиться, говоря при этом, что любовь не знает границ, любовь побеждает смерть. Кто-то выбирает смерть, потому что любимый человек предал его. Кто-то покидает этот мир потому, что без любимого человека жизнь не имеет смысла. Такая смерть есть проявление глупости. Будто без любви, без любимого человека в этой жизни нет других ценностей. Это все — от незнания ценности жизни.

Истинная жизнь

Как часто мы можем видеть в больших больницах умирающих людей, которые страстно хотят жить. Видели ли вы, как до последнего вздоха борется с болезнью за свою жизнь тот, чьи шансы на выживание равны нулю?

Кто-то выбирает смерть, не желая терпеть страдания. Но кто-то выживает: его спасает любовь к жизни. И все-таки многие умирают, потому что так и не смогли победить смерть. Что поделаешь? Такова жизнь.

Мы должны точно знать, что такое — истинная жизнь, в чем смысл жизни. Мы должны понимать ценность жизни. И как бы ни сложилась жизнь, мы должны ценить ее и дорожить ею. Но есть люди, которые отказываются от такого бесценного дара, как жизнь, потому что не умеют дорожить им.

Два раза я пытался уйти из жизни, но мои попытки, к счастью, не удались. И когда даже мать сказала, что смерть — это тоже благодарность родителям, в моей душе огонь любви к жизни загорелся еще сильнее.

Плач и рыдания мамы продолжали разрывать мое сердце и заставляли плакать вместе с ней.

Я, попытавшись скрыть слезы, запрокинул кверху голову. И увидел небо и облака. Проплывая надо мной, они тихо танцевали на голубой сцене, словно пытаясь утешить меня.

И вдруг передо мной, словно картинки из счастливой сказки, появились образы моего беззаботного детства. И моя душа помчалась назад в детство.

О! Счастливые дни.

Как хочется вернуться назад и снова быть здоровым!

В то время, когда я получал столько любви!

2. Детство

Родной край

Мое детство прошло в местечке под названием Чангсонг. Оно было знаменито живописной местностью и кристально чистой водой. Вид нашей местности, окруженной чудесными горами, словно ширмой, которые были продолжением отрога горного хребта

Норенг, был величественным.

Испокон веков Чангсонг славился своими жителями, которые до сих пор сохранили дух ученого дворянства эпохи Чосон. Может быть поэтому, как нигде в Корее, здесь можно часто увидеть молодых и пожилых людей, одетых в национальную одежду. Жители Чангсонга не идут в ногу со временем, а придерживаются традиций прошлого. Иногда это переходит рамки, допустимые в современном мире. Особенно это заметно во всем, что связано с этикетом.

Мой отец был весьма одаренной личностью. Он обладал обширными знаниями в области восточной медицины. Увлекался народной музыкой и наукой.

Во времена японской оккупации он занимался предпринимательством, из-за чего часто ездил в Японию. После освобождения Кореи от колониальной зависимости он прекращает свой бизнес и ищет место, где бы с семьей мог спокойно дожить свой век. Я появился на свет в местечке Муан, провинции Чоннам. Когда мне исполнилось 3 года, наша семья переехала в Чангсонг.

Именно в Чангсонге наша семья осела и пустила корни. Жители деревни, в которой мы жили, были очень консервативными и с большой неохотой принимали чужаков. Но благодаря моему отцу, который сумел заручиться доверием у местных старожилов, мы смогли получить здесь участок земли и построить свой дом.

Отец и его знание китайской классики

Мой отец все свое время проводил за чтением книг и

почти ни с кем не общался. Сам он ни к кому и никогда не ходил. Когда его друзья приходили к нему, они наслаждались собственным песнопением или болтали о классике, выпивая за столом. Иногда он мог, ничего не сказав, уйти из дома и отправлялся в странствия на долгое время.

Отец никогда не интересовался домашними делами, поэтому моей матери приходилось нести на себе весь груз домашних забот. Нас было шестеро детей: три дочери и три сына. Я был младшим в семье. Отец очень любил меня и часто, усадив на колени, рассказывал сказки о героях древности или пересказывал историю Кореи.

Слушая рассказы о героях и знаменитых полководцах, я решил, что когда-нибудь тоже стану таким же знаменитым, как они. Так отец подарил мне мечту.

С пяти лет отец начал учить меня иероглифам. Он учил меня тому, что мужчина должен быть справедливым и сильным. Будучи школьником, вместе с отцом я ходил на все выборы, которые проводились в стране. Тогда я и решил, что обязательно стану государственным деятелем.

В детстве я очень любил что-нибудь делать своими руками. Все вокруг говорили, что у меня золотые руки. Что бы я ни делал, всегда получалось очень хорошо.

Однажды я сидел рядом с отцом и строгал ножом ветку от апельсинового дерева. В это время к нам пришел гость. Он долго наблюдал за моей работой.

«А у мальчугана-то руки золотые, — сказал гость, взяв в руки деревянный пистолет, который я уже почти выстрогал. — Я его покупаю. На вот, возьми деньги».

Я был в замешательстве и не знал, что делать. Отец заулыбался и кивком разрешил мне принять деньги. После этого случая у меня часто покупали игрушки, которые я делал для себя.

Когда я пошел в первый класс, учиться мне было очень скучно, потому что задолго до поступления в школу мои старшие братья и сестры уже обучили меня таблице умножения и буквам.

Как и всем детям, мне нравилось больше играть на улице. С друзьями мы любили играть в такие игры, как казаки-разбойники, борьбу и другие, где требовались сила и ловкость. Я любил везде быть первым. По сравнению со своими сверстниками я был очень сильный и очень не любил проигрывать. Если же я проигрывал, то моему сопернику приходилось нелегко, потому что я заставлял его драться до тех пор, пока не выиграю сам. Гордость и упрямство не позволяли мне уйти с поля боя пораженным.

Несмотря на то, что я рос здоровым ребенком, родители постоянно заставляли меня пить различные травяные настойки. Из-за моего крупного телосложения мне придумали прозвище «богатырь», а некоторые завистники обзывали меня даже «гориллой». Родительская любовь ко мне была особенной.

Мать

В моей памяти очень ярким воспоминанием останется один случай. Может быть, именно после этого мать стала любить меня больше других братьев и сестер. Мне было пять лет. Было время сбора урожая, поэтому все взрослые вышли на поля. Меня оставили одного сторожить дом. Вдруг небо почернело, и начался дождь. Во дворе для сушки был разложен перец. Когда на землю упали первые капли дождя, я выбежал во двор собирать перец, потому что в голове у меня была только одна мысль: перец мочить нельзя. Я был совсем маленьким, но уже понимал, что если перец разложили сушить, то он не должен мокнуть. В это время с поля прибежала мать. Она увидела, как я собираю этот перец, и очень обрадовалась, что ее младшенький стал уже совсем большим.

«Сынок! Ты стал совсем большим. Уже знаешь, что перец нужно убирать в дождь. Мой сынок.... Молодец!» — приговаривала она, смотря на меня глазами, полными любви.

Я до сих пор помню эти глаза. Мать очень любила меня и всегда приберегала для меня что-нибудь вкусненькое.

С матерью мы часто выходили погулять. Она брала меня за руку, и мы шли по деревне. Каждый раз, когда мы проходили мимо огромного дерева, в тени которого старики играли в шахматы или беседовали. Глядя на меня, взрослые говорили:

— Этот малыш такой умный. Большим человеком станет.

А матери говорили:

— Воспитывайте его хорошо. У него судьба стать знаменитой личностью.

Мать, гордая за меня, улыбаясь, гладила меня по голове.

Однажды поздним вечером мать искупалась на кухне

и переоделась в белые одежды. Я испугался, потому что подумал, что мать хочет выйти погулять без меня, и стал ее просить, чтобы она взяла меня с собой. Мне так нравилось выходить с матерью, особенно, на рынок, ведь по дороге туда я мог покататься на автобусе, а на самом рынке поесть чего-нибудь вкусненького.

— Мама, я тоже с тобой хочу.

— Нет, сынок. Я иду не на прогулку. Я иду просить Большую Медведицу, чтобы ты и все твои братья и сестры были здоровыми и стали хорошими людьми. Иди быстрее спать.

Мать пошла за дом и там, встав на колени, поставила перед собой чашу с водой, сложила руки и начала молиться Большой Медведице. Я смотрел на мать, молящуюся за счастье своих детей, и мое детское сердце переполнялось чувством благодарности.

Молитва Большой Медведице

«Мама ведь ты так любила меня. А теперь, когда я уже стал взрослым и заболел, ты говоришь, что смерть будет моей благодарностью тебе?..»

Мне стало обидно и больно.

«Неужели время, когда я мог без труда ходить и бегать, останется для меня лишь воспоминанием?»

Мать молилась Большой Медведице за мое счастье и здоровье, а взамен я получил лишь нищету и болезни. Я возненавидел свое больное тело.

«Почему я не могу быть таким же здоровым, как другие? Неужели я никогда не выкарабкаюсь из этой ямы?

Я — тот, кто гордился крепким здоровьем — мучительно страдаю от недуга.

Я — тот, кто мог похвастаться необыкновенной памятью и способностями — теперь стал ни к чему не пригодным человечишкой.

Да, не знаешь, что тебе готовит день грядущий.

Даже мои родители, которые души во мне не чаяли, бросили меня. Кто же поможет мне?»

Печальные мысли и воспоминания о прошлом заставили меня плакать, и я не стеснялся своих слез.

Не знаю, сколько прошло времени. Я увидел мать, подающую мне стакан с водой и лекарство, и обида моя тотчас прошла. Мне стало стыдно за свои упреки, и опять стало жаль мать.

Что ей оставалось делать, если, несмотря на все ее старания, болезнь не вылечивалась, а только еще более разрушала меня? Как ей было больно и тяжело, если она пожелала мне смерти?

Я молча принял стакан с водой.

«Я должен жить! Чтобы жить, я должен есть. Я обязательно выживу!»

Стиснув зубы и подняв стакан двумя руками, я с жадностью выпил воду.

«О! Счастливые дни, вернитесь! Вернитесь ко мне!»

3. Борьба за жизнь

Сумерки моей жизни

Мое детство и школьные годы прошли спокойно.

Черная полоса поражений и несчастий началась тогда, когда я поступил в университет и уже успел пройти службу в армии.

В университет я вернуться не смог, так как денег на учебу у меня не было. Часть наследства, которая принадлежала мне, я потерял в результате аферы, которую провернул со мной человек, которому я очень доверял. Меня предал тот, кто обещал помочь. Я был в отчаянии и не знал, что делать. Мир рухнул на моих глазах.

В это время, когда я пребывал в унынии и печали, мой племянник познакомил меня с моей будущей супругой. Поначалу мы переписывались, и, только после трех лет нашего знакомства, мы решили пожениться. Это был брак по любви. Несмотря на протест родителей с обеих сторон, мы сыграли свадьбу. Родители так и не смогли благословить наш брак. Мы же начали новую жизнь — жизнь вдвоем.

Несмотря на наше бедственное положение, мы были счастливы. Днем я работал в редакции газеты, а ночью посещал занятия вечернего отделения университета. Жена решила открыть маленькую парикмахерскую. Мы верили, что трудности делают человека сильнее, и что мы обязательно добьемся всего, чего хотим.

За здравие...

Это было весной.

Мои коллеги и друзья донимали меня, когда я буду праздновать свое поступление на работу и свадьбу. И мы с женой решили пригласить всех к нам домой.

Утром были коллеги с работы, в обед — однокурсники, вечером — земляки. Я был рад их всех видеть и поэтому не мог отказаться от стаканов виски, которые мне протягивали друзья. Мы смеялись и мечтали о нашем будущем. Беседуя с гостями, я понял, что надежда еще жива.

Но не знал я, чем может кончиться для меня этот счастливый день. Гости ушли, так как скоро должен был начаться комендантский час. И как только я успел подумать, что все так хорошо прошло, у меня закружилась голова, и в глазах все поплыло. Тело мое стало ватным и не слушалось меня. Я терял сознание и потом снова приходил в себя. У меня началась рвота. Меня всего перекручивало при каждом приступе. Это было невыносимо. Жена, испуганная до смерти, побежала в аптеку. Но ничего не помогало: меня снова вырвало. Всю ночь меня рвало. В желудке уже ничего не осталось, а меня рвало, рвало и рвало.

С детства я понемногу пил спиртные напитки. Как-то раз я повредил себе ребро, и родители начали поить меня змеиной водкой. Так я научился пить. Поэтому, как бы много я ни пил, я никогда не пьянел. За то, что я мог много выпить, друзья в шутку даже дали мне прозвище «водкохлёб». В тот день мы пили виски. За день до этого я купил сорок бутылок. Друзья тоже пришли не с пустыми руками. Я помню, что выпил около пяти бутылок. Чтобы никого не обидеть, я не отказывался от виски. Но, чтобы сильно не опьянеть, в виски я добавлял сахар.

Я очень любил сладкое и не хотел проигрывать в состязаниях «кто больше выпьет», поэтому и не заметил, что выпил чересчур много.

Но я, глупый, даже не представлял, чем это может обернуться для меня. Я не знал, что это может стать причиной моих болезней и даже может убить меня.

В результате той попойки я испортил свой желудок. Пить крепкий виски и в таком количестве! Этого не выдержит даже железный желудок.

Это было воскресенье, март 1968 года.

Букет болезней

Первое время мы с женой не придали никакого значения тому, что со мной случилось. Мы подумали: «Ну, перепил немного, с кем не бывает, вот и заболел». Я пил лекарства, которые мне выписали, но лучше не стало. Я попробовал все, что рекламировали или советовали мои коллеги по работе. Но мне ничего не помогало.

Меня уже стало беспокоить состояние моего здоровья. С каждым днем мне становилось хуже и хуже: я не мог есть и сильно похудел.

Я обратился в крупную больницу. Мне поставили дигноз: язва желудка — и назначили лечение, но никакого улучшения не наступило.

За все время моего лечения я сильно ослаб, более того, моя болезнь отяготилась осложнениями. Диагноз подтвердился: язва желудка, потеря аппетита, расстройство пищеварения; у меня появились симптомы невроза, мигрени, анемии, эмпиемы, воспаление среднего уха, грибковое заболевание, аллергия, воспаление шейных лимфоузлов и т.д. Список этот можно было бы продолжать до бесконечности. Короче говоря, это был целый букет болезней.

Узнав о том, что я сильно заболел, из деревни приехал отец. Он повел меня к знаменитому врачу, специализирующемуся в восточной медицине. Он прощупал мой пульс и сказал: «Чудо, что вы еще живы». Потом он объяснил, что после того, как я выпил очень много крепкого спиртного, у меня отказала система пищеварения. Когда еда поступает в желудок, она должна там перевариться, затем поступить в кишечник, откуда питательные вещества распределяются по всему организму. Только в этом случае можно сохранить свое здоровье. Но так как у меня отказала система пищеварения, мой организм не получал питательных веществ, что стало причиной ослабления иммунитета. Вот почему у меня возникли (пошли) осложнения во всех органах. Весь мой организм стал одной большой болячкой.

Я стал бороться за свое здоровье, и это была война, которую я должен был вести в одиночку.

Если я могу, вылечусь...

Первое время я пытался лечиться и традиционной, и нетрадиционной медициной. Я исправно пил лекарства, которые мне выписывали врачи. На некоторое время вроде бы наступало какое-то улучшение, но потом у меня появлялись симптомы другой болезни. Так я лечился целый год методами традиционной медицины, но мне становилось все хуже и хуже.

Я вынужден был уйти с работы. В семье работал

только я, поэтому после ухода с работы у нас не стало дохода. Были одни расходы на мои лекарства. Но я не прекращал войны с проклятым недугом. На больницу денег у нас уже не было, да и лучше мне не стало от их лечения. И я попытался лечиться другими методами. Мне предлагали разные способы исцеления, и, если была хоть крошечная надежда на излечение, я занимал деньги и пытался лечиться этим способом.

— Говорят, что если провести сто дней в молитве в буддийском храме, то можно вылечиться.

— Надо провести шаманский обряд.

— Позови буддийского монаха.

— Поменяй имя.

И так далее...

Я был атеистом, но сейчас из-за болезни готов был поверить в любого бога.

Один раз мы даже провели обряд изгнания духа, приносящего болезни. Я умылся и переоделся в чистые одежды. Мы поймали курицу и положили ее у моего изголовья. После этого моя жена, читая какое-то заклинание, вонзила нож в курицу.

Вспоминая это сейчас, мне становится жутко от того, что мы делали, но мое отчаяние и безысходность поймут только те, кто когда-нибудь серьезно болел.

Я боролся за свою жизнь всеми силами моей души. Моя жена и теща поили и кормили меня всеми средствами, какие они только знали.

Я пил отвары пустырника и коры лакового дерева. Ел каких-то отваренных многоножек. Я испробовал желчный пузырь собаки, медвежью желчь, змеиную водку и даже кошек. Чего только не сделаешь, чтобы вылечиться.

Прошло три года после того как я заболел. У меня стали болеть ноги. Болели колени, каждый шаг отдавался болью, я не мог долго стоять. В больнице мне поставили диагноз: воспаление суставов. Прописанные лекарства не помогли. Мне сказали, что при воспалении суставов помогает кошачье мясо. Жена стала покупать кошек на рынке Кымходонг. При неправильной варке кошачье мясо испускает зловония. В такие моменты я думал, что лучше умереть, чем есть это мясо.

Но я продолжал, есть и мечтал когда-нибудь ходить без боли.

Чего только не сделаешь...

Что только я не предпринимал, чтобы излечиться. Меня мучили страшные боли, и я готов был пойти на что угодно. Как раз в это время объявился некий «спаситель» и сказал мне:

— Жить хочешь? Есть один способ вылечиться....

— Что за способ? Говорите быстрее... а?

— В детстве тебя часто били? Так вот, твои болезни оттого, что у тебя «плохой крови» много. Твой недуг ты сможешь исцелить, лишь съев, очищенный хвоей, свой собственный кал.

Мать и жена ликовали, что наконец-то появилась надежда на излечение. Я тоже был полон надежд. Все вместе мы в спешке поехали в родную деревню. По приезде мать тотчас же нашла где-то огромный кувшин, обложила горловину хвоей и привязала его в нужнике. На следующий день она перелила из кувшина все, что собралось там за ночь, в чашу и принесла мне.

Я принимал этот «целительный напиток» три раза в день в течение пятнадцати дней. Каждый прием сопровождался позывами рвоты, которые я с трудом сдерживал. Чтобы сдержать рвоту, я пил это через трубочку, проталкивая ее ближе к горлу. Я даже научился проглатывать это, не касаясь языка, но со зловониями, которые исходили от питья, я ничего поделать не мог. Сразу после приема я чистил зубы в течении десяти минут, а потом закусывал леденцами, но во рту оставалась горечь.

На этом моя война с болезнью не закончилась. Я начал принимать какое-то немецкое средство, которое принимают больные проказой. Мое тело, покрытое язвами и болячками, могло вылечить, наверно, только это средство. Чего только не сделаешь, чтобы вылечиться...

Все тщетно

Плодом моей жестокой борьбы с болезнью была одна безысходность. Потому что я остался один на один с тем, что никакая медицина, никакой бог не смогут исцелить мой недуг. От этой войны мне осталось мое изъязвленное тело.

И мое желание иметь здоровые ноги, хорошо слышать и иметь чистую кожу — теперь было почти неосуществимо.

Мне, в своем животном страхе борящемуся за жизнь, смерть махала рукой и тащила к вратам, за которыми уже ничего нет.

Я терял силы и барахтался, как бабочка, у которой оторвали крылья. Но я не хотел сдаваться. Я — человек, который не любил сдаваться и быть последним. Просто после долгой и изнурительной борьбы я потерял на время силы. Моя война еще не закончилась.

4. Бегущее время

Кормилица

Я будто бы провалился в болото, и оно затягивало меня все больше и больше. Чем больше я сопротивлялся, тем больше меня затягивало. Моя борьба приносила мне новые болезни, а мою семью вела к гибели.

Бедная моя жена! Болезнь одолела меня, когда у нас еще не прошел медовый месяц. И она, бедняжка, так и не насладившись семейной жизнью, должна была все свои силы тратить на лечение моей болезни. Мудрая и добрая моя жена! Каким образом она умудрялась находить все мудреные лекарства, которые мне советовали многочисленные доброжелатели? Если ей говорили, что это может меня вылечить, она не пренебрегала ничем. Но иногда и она не выдерживала, собирала вещи и уходила к своим родителям. Характер у нее был, как огонь. Проходили годы, болезнь не отпускала, жена все чаще и чаще уходила к родителям. Мое семейное счастье разрушалось.

Из-за моей болезни мы влезли в долги, и каждый раз, когда приходило письмо с напоминанием о сроках платежа, жена не выдерживала и, требуя развода, опять уходила. Мое сердце разрывалось, и я снова впадал в отчаяние. Но, обычно, через несколько дней она возвращалась.

Как-то, после очередного ухода, она вернулась домой, и лицо ее от чего-то просто светилось.

— Дорогой! Моя сестра дала мне десяч тысяч вон. На эти деньги я смогу открыть маленькую лавку на рынке.

Уже через несколько дней жена нашла свободную лавку на рынке Кымходонг и начала торговлю. Так она стала моей кормилицей. Она торговала пирожками, ролами, хлебом и разной жареной снедью, мучными изделиями и даже водкой. Чтобы вовремя начать торговлю, она уходила ранним утром и возвращалась после двенадцати часов ночи. Велико было ее желание быстрее расплатиться с долгами.

Я же целыми днями был вынужден находиться в четырех стенах. Мне оставалось только мечтать о чем-либо или читать. Иногда я не выдерживал и выходил на улицу. Я шел к маленькой площадке перед продуктовым магазинчиком и наблюдал, как старики играют в шашки или карты. Я — недееспособный глава семьи — вынужден был убивать драгоценное время на пустое времяпрепровождение. Кто поймет меня?

Мои бедные дети

Мое существование скрашивали лишь две мои дочери. Старшая дочь Ми Ёнг с малых лет видела только больного отца. Она была доброй девочкой. Ми Ёнг была для меня моими руками и ногами, моим единственным другом. Она заботилась обо мне и даже старалась не выходить на улицу, чтобы поиграть с подругами. Правда, получив в наследство слабое здоровье, она, как и я, часто болела.

Вторую дочь я почти не видел, так как она росла у бабушки. Там ее не очень любили и говорили:

— Эта девчонка так похожа на своего отца.

Не любили за то, что она была похожа на своего больного отца. Так она и росла гадким утенком. Каждый раз, когда я видел ее играющей среди какого-то тряпья, мое сердце разрывалось на части.

Отправив младшую дочь в деревню, жена стала еще усердней заниматься торговлей, потому что знала, что просить деньги у родителей для меня было хуже смерти.

Моя жена была вынуждена тянуть лямку одна: кормить семью, покупать дорогие лекарства больному мужу и расплачиваться с долгами. Чтобы расплатиться с одним долгом, она была вынуждена занимать деньги в другом месте. Это был замкнутый круг. Легко представить финансовое положение нашей семьи. Львиная доля семейного бюджета уходила на уплату процентов с долгов.

Я ненавидел себя за все мучения, которые причинял жене, но ничем не мог ей помочь.

И вот однажды, получив очередное письмо с напоминанием об уплате долгов, жена не выдержала:

— Разве вы мужчина? Как вы можете сидеть, сложа руки? Что я видела хорошего, выйдя замуж за вас? Только мучения. Вам и этого мало, так вы заставляете меня еще и за долги расплачиваться. Ничего мне не надо. Ни любви, ни-че-го... Идите, работайте и приносите мне деньги! Деньги! — полуобезумевшая, она оскорбляла меня.

Жена опять ушла. Прошло несколько дней, но она все не возвращалась.

Ми Ёнг постоянно просилась к маме:

— Папа, а почему мамы нет? Она на рынке? Работает? Папа, пойдем к маме, — плакала и просила дочь, подавая мне палку.

И я не выдержал:

— Ми Ёнг, иди в магазин и купи мне водку. И сигареты тоже.

В тот день я выпил. Выпил, чтобы забыть все: вину перед женой, злость за то, что она ушла, боль. Мне ничего не оставалось, как только пить.

И больной, я пил стакан за стаканом.

«Когда мать пожелала мне смерти, я кричал, что хочу жить. Я яростно боролся за жизнь... Но теперь и жена меня предала. Даже жена!»

Плыть по течению

Я потерял интерес к жизни. Мне было все равно. К жене у меня в душе все остыло.

«Ну, и пусть. Уходите все. Меня успокоят только водка и курево».

Спустя несколько дней пришла жена.

— Я пришла не к вам, а к ребенку. Я хочу увидеть дочку.

Я молча стоял и слушал. Мое сердце сжалось от жалости к нам обоим.

С того момента мне стало еще хуже, и это произошло

очень резко. Я не чувствовал необходимости бороться. Зачем? Если я никому не нужен. И я решил жить так, как мне удобно. Я решил плыть по течению и ничему не сопротивляться. Я заливал горечь обиды и боль предательства близких мне людей водкой и затуманивал мой рассудок табачным дымом. Я делал это для того, чтобы выжить. Я стал выживать назло всем.

Человеческая душа — сложная штука. Водка принесла мне болезнь, из-за которой меня бросили родители, братья, жена и друзья. Водка была моим злейшим врагом. А сейчас она была моим самым близким другом. Она утешала меня в моем горе и печали.

Ни один завтрак, обед и ужин не обходился без водки. Если я не пил, у меня дрожали руки и я не мог ничего делать. Я даже не мог есть без алкоголя. Я постепенно становился зависимым от водки.

Моя жизнь тогда была, как строчка из одного стихотворения: «Я не знаю, что будет завтра. Я живу сегодняшним днем».

На что я мог надеяться завтра, если сегодняшний день проживаю мучительно? Чтобы забыть муки, я пил, пил, и тело мое разрушалось еще больше. Я жил, как опавший листок, который летит туда, куда подует ветер.

Глупец

Вспоминая то время сейчас, я могу сказать, что это был период моей жизни, за который я всегда раскаиваюсь.

«Почему ты попусту тратишь бесценные минуты

своей жизни? Жизни, которая дается лишь раз. Какие бы страдания не приносила тебе судьба, ты должен мужественно их переносить. Ты должен переносить страдания, имея надежду, которую тебе дает завтрашний день. Говорят же, что небо помогает тому, кто сам себе хочет помочь. А еще говорят, что нет безвыходных ситуаций», — вот так я должен был поддерживать сам себя.

Жизнь потеряла смысл для меня, как только я отказался бороться за нее. Я жил как животное: ел, пил и спал, и больше ничего. Я не ненавидел и не любил. Я уже привык, что не живу, а просто существую. Как я был глуп!

Каждый человек умирает однажды. Каждый переходит порог смерти. Люди говорят, что смерть без мук — счастливая смерть.

А я уже стою на этом пороге смерти семь лет и не могу ни умереть, ни вернуться к прежней жизни.

Время уходило в небытие, а моя жизнь словно остановилась в одной точке. Я был как Иона, выброшенный в морскую пучину, проглоченный огромной рыбой и сидящий во чреве ее...

Часть вторая

Чудеса

1. Любовь

Любовь — слово, дарящее столько тепла и нежности. Есть любовь к своему ближнему и любовь родителей к детям. Есть любовь мужчины и женщины. И я не преувеличу, если скажу, что человек живет любовью.

Что же такое любовь?

В словаре любовь определили, как «чувство глубокой привязанности человека к человеку». Короче говоря, любовь — это чувство, которое может испытывать только человек.

Человек — социальное создание. С самого рождения он живет среди людей. Чтобы стать человеком в полном смысле этого слова, ребенок должен впитать с молоком матери ее любовь. Если же ребенок не получает любви, есть большая вероятность, что он станет трудным ребенком. В детстве мы дарим и получаем любовь в своей семье, в школьные годы — в школе, будучи взрослыми — на работе. Встретив человека, который тебе нравится, ты даришь любовь ему. Поженившись, ты даришь любовь своему спутнику, а став родителем

— своим детям. И так человек постоянно дарит и получает любовь.

Наша жизнь начинается с любви и заканчивается ею. Поэтому без любви невозможно жить на белом свете. Без любви невозможна настоящая жизнь.

За семь лет жизни в страданиях и боли я научился анализировать чувство любви, которое рождается между людьми. Я научился определять, где истинные чуства и откуда начинается фальшь. И я открыл для себя, что любовь между людьми — это не истинная любовь.

Любовь к ближнему

Со своей женой я познакомился через письма. В детстве у меня был открытый характер. Но с годами я замкнулся, и связано это было с моей внешностью, а именно с моими кривыми зубами. Поэтому я старался не интересоваться противоположным полом. Мы переписывались очень долго, но наша первая встреча была немного натянутой.

— Здравствуйте! Меня зовут Ли Джей Рок.

— Здравствуйте! А меня зовут Ли Бок Ним.

Мы видели друг друга в первый раз, но уже испытывали друг к другу то, что можно, наверное, назвать любовью. Мы уже перешли на „ты" и знали, что никогда не расстанемся.

Если на минуту представить, что кто-то из нас не ответил бы на приветствие или молчал бы, не отвечая на вопросы, или, даже, если бы беседовал, то говорил бы все не от души, то наверное, никакой любви и не было бы.

Племянник, познакомивший нас, был крайне удивлен нашему роману. Познакомил он нас просто так, в шутку, поэтому не ожидал, что все будет серьезно. Он был против нашего брака, впрочем, также как другие родственники.

Любовь между мужем и женой

Но, несмотря ни на что, мы решили пожениться. Мне нравились в ней мягкость, доброта и сердечность, а ей — мои наивность и прямолинейность. Нам было чему поучиться друг у друга, поэтому мы решили стать одним целым. Так мы стали мужем и женой.

Но почти сразу после свадьбы меня одолела болезнь. Я не мог работать и кормить семью. Моя жена выбивалась из сил, ухаживая за мной. Семью кормила она. И если бы не любовь, она бы уже давно ушла от меня. Только во имя любви она выносила все тяготы нашей нелегкой жизни.

Но если бы между нами была истинная любовь, мне не было бы так больно.

— Я разведусь с вами, но не сейчас. Если я уйду сейчас, люди скажут, что я бросила больного мужа. Я уйду, когда вы вылечитесь.

Жена меня уже не любила и жила со мной только для того, чтобы люди не могли ее упрекнуть. Я ничего не мог сделать для жены и стал для нее лишь тяжелым и никчемным грузом. И любовь жены ко мне остыла.

Но если бы между нами была истинная, настоящая любовь, мы с мужеством вынесли бы все страдания, пожертвовали всем ради этой любви. Если бы это было именно настоящее самоотверженное чувство, мы никогда не причинили бы друг другу боли.

Родительская любовь

Дети — это плод любви мужчины и женщины. Поэтому любовь родителей к детям невозможно убить.

Когда горячо любившие меня родители пожелали мне смерти, я понял, что и между родителями и детьми не может быть истинной любви.

Говорят, что долгая болезнь родителей делает детей неблагодарными. Но я могу с уверенностью сказать, что и долгая болезнь детей убивает любовь родителей. Став больным, я не мог отдавать свой сыновний долг родителям. Отец отдалился от меня, мать, не выдержав муки видеть меня больным, пожелала мне смерти.

Если бы родители любили меня истинной любовью, неужели они пожелали бы смерти больному сыну?

Неистинная любовь

Среди друзей тоже не оказалось ни одного настоящего друга.

Говорят, что друг познается в беде. В болезни я обнаружил, что у меня нет ни одного друга, которого я мог бы назвать настоящим.

В начале болезни, когда я бегал по всему городу в поисках лекарств, друзья, конечно, помогали мне. Но когда они поняли, что надежды на выздоровление почти нет, они стали один за другим покидать меня. И я пришел к выводу, что дружба — это прекрасное чувство, но оно, к сожалению, меняется.

От меня отказались не только родители, оказалось, что и братья не любили меня истинной любовью. Наша семья всегда гордилась тем, что мы очень дружные.

— Джей Рок Ли, не бойся. Мы же с тобой, рядом. Не бойся! — успокаивали меня братья. Но когда они поняли, что помогать мне — все равно, что дырявым ковшом набирать воду в кувшин, то отступили.

Люди живут и любят. Но я увидел много людей, которые не хотят отдавать своей любви, если знают, что не смогут получить ее обратно. Разве это настоящая любовь?

За семь лет болезни я осознал, насколько неискренна любовь, которую испытывают люди друг к другу. И это повергло меня в отчаяние.

Истинная любовь вечна.
Любовь — это чувство человека.
Любовь человека — это не истинная любовь.
Любовь — это чувство, которое меняется.
Любовь человека — это ненастоящая любовь.
Истинная любовь — это, когда ты можешь умереть за того, кого любишь.
Истинная любовь — это вечная любовь.
В этом мире нет истинной любви.
Родительская любовь не истинна.
Любовь супругов не истинна.
Любовь братьев не истинна.
Любовь детей к родителям не истинна.
Любовь друга не истинна.

2. Больная плоть и раненая душа

В марте 1968 года произошло самое ужасное событие в моей жизни. В течение нескольких часов мое здоровое тело превратилось в рухлядь.

Говорят, что «нет худа без добра», а у меня получилось наоборот: «нет добра без худа». У меня была работа. Я женился на любимой женщине. Мне оставалось только наслаждаться жизнью, но судьба распорядилась по-другому.

От выпитого крепкого виски желудок отказался работать. Мне ничего не помогало. У меня прекратилась рвота и желудочные колики, но восстановить свои функции желудок был уже не в состоянии.

Болезни

Испорченный желудок оказывал свое губительное влияние на остальные органы.

Тошнота, головокружение, несварение и головные боли изнуряли мой и без того ослабший организм. Кроме того, у меня стали проявляться симптомы других болезней: потеря аппетита, усталость, сыпь, аллергия, апатия и т.д.

Но это было еще не все. Так как иммунитет мой ослаб, вся ротовая полость была постоянно изъязвленна, простуда и кашель были моими вечными спутниками. У меня обострился хронический отит, и из уха постоянно вытекал гной.

В детстве у меня лопнула барабанная перепонка. Это было в четвертом классе начальной школы. У нас преподавал учитель по прозвищу «бешеная собака». Однажды он вызвал меня к доске и, ни за что ни про что, начал бить меня по лицу. Я стоял ошарашенный и не мог двинуться с места. После этого случая преподавателя уволили.

С тех пор я плохо слышал. У меня появилась привычка смотреть на губы говорящего, чтобы по движению губ понять, о чем он говорит.

Одним ухом я не мог слышать, другое ухо гноилось. Гноя становилось все больше, появился неприятный запах. Я стал плохо слышать. Я не слышал голоса за своей спиной, голоса по телефону. Я был в ужасе. Каждый раз у меня выступал холодный пот, когда мне приходилось с кем-нибудь беседовать. Я боялся поднимать трубку, когда звонил телефон. Я стал избегать людей. Люди смотрели на меня, как на сумасшедшего.

У меня стали проявляться симптомы невроза. Я был вынужден бросить работу в редакции. Устроиться на другую работу было невозможно. Да и кто возьмет на работу глухого?

Летом меня мучали грибки, зимой я постоянно обмораживал уши и ноги. У меня был постоянный зуд. Более того, от нескончаемого зуда я стал покрываться сыпью.

Летом после сна у меня отекали ноги. В некоторых местах отека были нагноения. Я старался не говорить жене об этом: и без того она меня упрекала, что у меня много болезней. Но когда уже отек распространился по всему телу, скрыть это от жены было невозможно.

— У вас только глаза не болят. И, слава Богу, что хоть они здоровые. Ну, почему все болезни у вас такие мерзкие и грязные?

С носом тоже творилось что-то неладное. Я не знал, что у меня развилась эмпиема (скопление гноя в носовой полости). Голова была всегда тяжелой, нос забит. У меня ухудшилась память. Горло тоже давало о себе знать. У меня воспалились шейные лимфоузлы. Потом стала прощупываться шишка. Эта шишка увеличилась до размера виноградины. В горле появилось чувство давления. Я испытывал адские боли при ходьбе.

Но, несмотря на многочисленный список болезней, которыми я страдал, под одеждой было не видно, что я весь покрыт сыпью. Просто всем казалось, что я немного слаб.

Но когда в 1972 году у меня воспалились суставы, я не смог ходить, потому что каждый шаг отдавался болью в коленях. В туалет я ходил при помощи деревянной палки. Но впоследствии и туда я не мог дойти самостоятельно. И мучительней всего мне было свыкнуться с мыслью, что я — человек, бывший таким здоровым и сильным, сейчас должен влачить такое жалкое существование. Никто не мог понять мои душевные терзания.

Не могу слышать

Первый сильный удар болезнь нанесла мне, когда я перестал хорошо слышать. Как я ни старался понять по движению губ, о чем говорят, у меня ничего не получалось. Поэтому очень часто я отвечал невпопад или вообще не мог ничего ответить. Я постоянно краснел от стыда и чувствовал на себе презрительные взгляды окружающих.

Я старался скрывать от людей то, что плохо слышу. Но от этого мне становилось еще хуже.

Даже старший брат долгое время не догадывался о том, что я плохо слышу. Брат был человеком вспыльчивым, поэтому однажды разозлившись на то, что я медленно отвечал на его вопрос, просто взял и избил меня. Я получил за то, что плохо слышал.

Не могу есть

Для человека очень важна способность есть и переваривать пищу. Желание есть — инстинкт человека. Если у человека отнять возможность есть вкусную пищу, то он потеряет интерес к жизни вообще.

Иногда у меня появлялось острое желание поесть мясо. Тогда жена готовила мне мясное блюдо и кормила меня. Но мой желудок был не в состоянии ничего переварить. Несмотря на это, через некоторое время я снова хотел есть. Но при мысли о боли, испытываемой после приема пищи, я сдерживал себя.

— Когда же я смогу, как все нормальные люди, есть рис и мясо?

Зная, что этот день не наступит никогда, жена отвечала мне:

— Не переживайте. Скоро вы выздоровеете и сможете есть все, что пожелаете. И тогда я буду варить вам самые вкусные блюда на свете, только не переедайте.

Я истощал и походил на скелет. Лицо осунулось. Каждый раз, смотря в зеркало, я не мог себя узнать:

глаза округлились, скулы выступили, щеки провалились, а кожа огрубела. На меня смотрел другой человек.

Не могу ходить

После того, как у меня воспалились суставы, первое время я мог выходить на улицу, опираясь на палку. Но когда я не мог уже двигаться и так, то превратился в заключенного.

Нет ничего ужаснее того, что молодой мужчина вынужден сидеть в четырех стенах. Меня убивало осознание того, что я не мог работать. Так я жил с чувством вины перед семьей за то, что не могу исполнять обязанности мужа и отца. Но жена не понимала меня. Не знала, что у меня было на душе, и очень часто неосторожным словом обижала.

Не могу кормить семью

Из-за долгов жена постепенно становилась рабой денег. Она стала верить, что деньги принесут нам счастье.

Жена, которая раньше говорила, что кроме любви ей ничего не надо, теперь думала обратное:

— Только деньги сделают меня счастливой. Только деньги.

— Да, вы даже денег-то не можете заработать! Я мучаюсь только из-за вас.

Каждый раз, когда жена уходила из дома, я шел за ней и приводил обратно. Жена жила со мной не из-за любви. Она просто выполняла свой супружеский долг.

Слава Богу, она не разлюбила детей. Правда, мне было мучительно больно от того, что она живет со мной только из-за дочерей. Моя любовь к жене остыла. В душе осталась одна боль.

Истерзанное сердце

Все проблемы с женой были только из-за денег. Уходя из дома, жена жаловалась на свою судьбу родственникам. И они не заставили долго себя ждать. Начались упреки в мой адрес.

— Мы же тебе говорили: подумай хорошенько. Да он, наверное, еще до свадьбы был больным.

— Да он тебя обманул.

— Он аферист.

Однажды родственники жены пришли к нам домой.

— Эй, зятек! Скажи, в чем провинилась наша дочь? За что она должна выносить все это?

— Вам лучше развестись. Зачем вам нужны эти скандалы?

— Разве ты человек? Разве можно так мучить жену?

— Сейчас же подавай на развод. Сей-час-же, — обвиняли, упрекали, ругали меня все ее родственники.

Пошумели и ушли. А я остался оскорбленный, один на один со своей болью. Я не могу выразить тот позор и стыд, который испытал в тот день. Не поинтересовавшись, что у меня на душе, они, вместо того, чтобы пожалеть меня, обозвали калекой, оскорбили и оплевали. Люди всегда ранят тех, от кого они не могут получить пользы. Разве можно назвать это любовью к ближнему?

Тело мое постепенно съедала болезнь, и люди бросили меня. Сначала они бросили меня в душе, а потом ушли по-настоящему. Рана в душе моей была глубокой. И никто не пожелал залечить эту рану.

Меня жалели и помогали мне излечиться, но, узнав, что шанс на выздоровление равен нулю, бросали меня.

Это случилось потому, что они любили меня не настоящей любовью. Все, что они мне оставили — было растерзанное и израненное сердце, которое уже никто не сможет излечить.

Представьте, что кто-то из ваших близких — родители, жена или муж — заболели неизлечимой болезнью и умирают уже много много лет. Или они заболели проказой, СПИДом. Что вы будете делать?

Отвернетесь от них, потому что они приносят вам лишь страдания? Или будете упрекать их за то, что они мучают вас?

Или будете ухаживать и заботиться о них, потому что они — все-таки ваша семья?

Или, жертвуя собой, будете мужественно нести свой крест?

Ни одна человеческая любовь не сможет сделать этого. Только любовь Господа нашего способна идти до конца.

Любовь долготерпит,
милосердствует
Любовь не завидует,
Любовь не превозносится,
Не гордится,
Не бесчинствует,

Не ищет своего,
Не раздражается,
Не мыслит зла,
Не радуется неправде,
А сорадуется истине;
Все покрывает,
Всему верит,
Всегда надеется,
Все переносит.
Первое послание Коринфянам (13:4-7)

3. Упрямая жизнь

Два раза я пытался свести счеты с жизнью, но оба раза закончились для меня неудачей. Жизнь ни в какую не хотела сдавать свои позиции.

Попытка первая

До третьего класса высшей школы я, часто по болезни, пропускал занятия. Причиной тому было повреждённое в четвертом классе начальной школы, в драке со старшеклассником, ребро. Жаловаться на здоровье я не любил, и был очень застенчивым, поэтому не хотел говорить, что у меня что-то болит. Так мне приходилось пропускать занятия. Это сказалось на оценках. Я добровольно решил не сдавать единый экзамен в том году, для того чтобы сдать следующий. Я очень хотел поступить в самый престижный университет Кореи — Сеульский.

Время подготовки к экзамену стало экзаменом для моего характера. Я спал по четыре часа в сутки. Каждый день принимал лекарства, прогоняющие сон. Я придумал различные наказания, чтобы вовремя просыпаться по утрам: если на счет „3" я не вставал, то лишал сам себя завтрака. Но так как есть очень и очень хотелось, мне приходилось вставать.

Ранним утром я шел в библиотеку и там занимался. С каждым днем я чувствовал, что у меня получается все лучше и лучше. Мне стало нравится учиться. Даже появилась уверенность, что я поступлю в университет моей мечты. Учеба была мне в радость.

Я не подозревал, что меня ждет нечто ужасное. Если бы я знал тогда эти стихи: «Сердце человека обдумывает свой путь, но Господь управляет шествием его» (Книга Притчей Соломоновых 16:9).

Однажды я в перерыве между занятиями читал газету. На одной странице была напечатана фотография президента Кореи, но я никак не мог вспомнить его имя.

«Как же его зовут?» — пытался я вспомнить.

«Сразу и не вспомнить, наверное», — подумал я, так как сколько ни старался, у меня ничего не получалось.

«Фамилия кажется Ли, а вот имя... Я, наверное, переучился», — и мне стало не по себе.

Я стал вспоминать то, что учил: «Для начала что-нибудь из математики. Ну, например, разложение на множители. Что же там было? Это же так просто. Почему я не могу вспомнить?» — меня стал охватывать ужас.

«Так, попробуем из родного языка...» — я попытался прочитать наизусть стихотворение, но не мог вспомнить ни имени автора, ни названия.

Мне стало страшно.

«Что это со мной? У меня, что, провалы в памяти? Или эти временно? Разве такое может быть?»

Всю ночь я не мог сомкнуть глаз.

На утро следующего дня я попытался еще раз проверить себя. Но я ничего не мог вспомнить из того, что учил и зубрил в течение нескольких месяцев.

Мне казалось, что я падаю в пропасть. Я понял, что мне не хочется жить, потому что я не достоин этой жизни.

«Лучше умереть! По крайней мере, родители не будут возлагать на меня свои надежды, а я избегу позора. Что может быть позорнее: заниматься целый год и не поступить в университет?»

И я решил, что смерть будет решением всех проблем. Я прошелся по аптекам, покупая в каждой снотворное. Так я сумел собрать двадцать таблеток. Перед смертью я решил не оставлять после себя незавершенных дел. Сжигая по одной странице своего дневника, я вспомнил всю свою короткую двадцатилетнюю жизнь. Сложил свои личные вещи и принадлежности.

Я назначил день, когда все должно было произойти. Кормился я у старшей сестры, которая жила в районе Синдангдонг. В этом же районе я снимал комнату со старшим братом, который продавал ткани на рынке Тонгдемун. С работы брат приходил после одиннадцати часов вечера, так что до этого времени комната была в моем полном распоряжении. Все родные старались не тревожить меня днем, когда я занимаюсь, поэтому моя комната была идеальным местом, где можно было спокойно распрощаться с жизнью.

Я чисто убрал комнату и написал предсмертную записку родителям, брату и сестре. Тщательно выстроенный план ухода в мир иной оставалось только привести в исполнение. По плану сначала я пошел домой к сестре.

— Сестра, сегодня вечером я пойду заниматься домой к другу. Вечером я не приду на ужин, так что не жди.

Сестра молча кивнула мне, продолжая заниматься домашней работой.

Я пошел к себе в комнату. Занес обувь и закрылся изнутри. Постелил на полу постель и приготовил снотворное. Я быстро выпил все двадцать таблеток. В голове было ясно. Я лег в постель... и, сам того не заметив, заснул.

Потом мне рассказали, что в тот день брат и зять, обычно, приходившие домой только после одиннадцати часов, почему-то вернулись домой раньше. Брат закрыл свою лавку раньше положенного. Часто после работы он ходил с друзьями выпить одну-другую кружку пива, но в тот день прямиком пошел домой. Он знал, что я якобы пошел к другу, но, видимо, предчувствие беды заставило его пойти домой. И когда он пытался открыть дверь, и она не поддалась, потому что я закрыл ее изнутри, то он уже был уверен, что со мной случилось что-то ужасное. Вместе с зятем они взломали дверь, и нашли меня лежащим на полу. Меня отвезли в больницу.

Врачи сказали, что надежды почти не осталось, потому что я принял большую дозу снотворного, и с момента приема лекарств прошло много времени. Но когда через несколько дней я очнулся и даже мог встать и ходить, все сказали, что свершилось чудо.

После этого случая я понял, что от судьбы никуда не убежишь, и решил сдавать вступительный экзамен. Я не смог поступить в Сеульский университет, но мне удалось пройти конкурс на технический факультет университета Ханянг.

Это была моя первая неудачная попытка самоубийства.

Попытка вторая

У меня была и вторая попытка свести счеты с жизнью. Это случилось после того, как я заболел. В тот день жена опять ушла к родителям. Я остался один на один со своей болезнью. Я готов был умереть в любую минуту. Для этого я собирал снотворное. Жена — моя последняя надежда — бросила меня, поэтому у меня не было причины жить. Я выпил снотворное и ждал своего часа.

Но судьба опять распорядилась по-своему. В ту ночь жена в предчувствии чего-то нехорошего вернулась домой. Она приехала из родительского дома на такси и обнаружила меня уже умирающим на полу.

Так и вторая моя попытка закончилась неудачей.

«Мне, наверное, не суждено умереть. Я понял, что моя жизнь не принадлежит мне. Конец безрассудным попыткам умереть. Я — как птица феникс».

С того дня я очень захотел жить. Во мне загорелся огонь жизни. Он горел еще сильнее от того, что, попытавшись умереть, я все-таки выжил. Я больше не думал о смерти.

Я жил мыслью о мести

Люди презирали меня в моей болезни. Каждый раз, когда меня упрекали и презирали мать, жена и родные, я еще больше хотел жить.

В моей душе клокотала месть, как в вулкане кипела лава. И от этого я еще больше хотел жить.

«Мама, почему я должен умереть? Я вылечусь, и буду жить всем назло».

«Дорогая жена! Посмотришь, я заработаю кучу денег и приструню тебя».

«Дорогая теща! Вы пожалеете о том, что оскорбляли меня. Вот увидите».

Мои бедные дочери

Была еще одна причина, из-за которой я не должен был умирать. Смотря на своих дочерей, выросших без родительской ласки и заботы, я решил, что буду жить. Я не должен умереть, потому что я не выполнил свой родительский долг.

Из-за продолжительной болезни у меня не было ни сил, ни желания приласкать своих дочерей. Я только срывал всю свою злость на них. От кого же будут получать любовь мои дочери, если я умру? Я должен был выжить и выполнить свой отцовский долг перед детьми.

Что же будет с ними, если даже сейчас люди вокруг показывают на них пальцем, говоря, что это дети больного отца? Если я умру, на них будут указывать пальцем и говорить, что они сироты.

Что будет с младшенькой, выросшей без материнской ласки и любви, если она сейчас уже не любит мать? Кто будет любить и жалеть ее?

Кто будет любить их, если я умру?

Я должен был жить не только для них, но и для себя. Потому что мою жизнь могу прожить только я. Я должен выполнить не только свой отцовский долг, но и долг мужа. Я должен был жить, чтобы самому нести свой крест. И я твердо решил, что буду жить.

Я должен был выжить и сделать все для того, чтобы моя семья стала самой дружной и счастливой семьей на земле. И теперь, на пороге смерти, я старался думать только о жизни. У меня появилась надежда на светлое будущее.

Это были долгие семь лет, когда я бродил по «долине смерти» с маленькой надеждой в руке.

4. Моя сестра

Наступила весна. Отступил холодный ветер, и распустились лепестки желтой лилии. Пришла весна и ко мне.

Шел 1974 год. Я уже болел долгих семь лет. Во мне проснулось желание выйти на улицу и насладиться весенним солнцем.

Однажды в наш дом, в который уже давно не приходили ни родители, ни братья, ни друзья, пришла старшая сестра.

Я обрадовался ее приходу, словно путник радуется оазису в пустыне. Я так соскучился по людям и человеческому теплу.

В гостях

Сестра моя жила в деревне и занималась сельским хозяйством. Иногда она приезжала к детям, которые учились в Сеуле.

Я был крайне удивлен ее приезду, так как сейчас в деревне на полях во всю шли посевные работы.

— Ой, сестра. Что-нибудь случилось? Вы почему приехали?

— Дела у меня здесь. Вот и приехала.

Сестра тоже была рада видеть меня. За разговором мы не замечали, как бежит время. Мне так нравилось, когда сестра, забыв о делах, рассказывала мне о чем-нибудь.

Вдруг она, прищурив глаза, спросила меня:

— Джей Рок Ли, у меня есть к тебе одна просьба. Ты должен выполнить ее.

Сестра знала, что я был не в состоянии выполнять чьи-либо просьбы, поэтому мне стало даже интересно, о чем же она меня попросит.

— Я давно хотела кое-куда сходить. Это — религиозное собрание, которое проводится на Содемуне. Я подумала, что раз уж приехала в Сеул, схожу-ка я туда. Муж мне уже разрешил. Проводи меня туда, пожалуйста, — с мольбой в голосе просила меня сестра.

Глаза ее горели от радости, будто бы она уже была там. Но я хотел отказаться помочь ей.

— Ну, вы же знаете, что я не могу. И потом, у вас два сына, которые могут помочь вам. Попросите кого-нибудь из них.

Но сестра не унималась:

— Ну, пожалуйста. Дорог я не знаю. А детям на занятия идти надо. Ты не представляешь, как я хочу пойти туда, если осмелилась даже попросить тебя.

Я не выдержал и согласился проводить сестру, чтобы заодно прогуляться и самому.

— Спасибо, Джей Рок Ли. Спасибо тебе. Так значит, завтра утром я зайду за тобой. Будь готов. Ой, мне уже пора идти детям ужин готовить.

Сестра ушла, довольная тем, что сумела меня уговорить. Я смотрел на сестру. Ее походка напоминала взмахи крыльев бабочки. Смотря на нее, я вдруг подумал: «Я кому-то нужен. Я могу помогать людям». И мне стало радостно от того, что кто-то еще нуждается во мне.

Я был последним сыном в семье. У меня было два брата и три сестры, но больше всех я любил среднюю сестру, котоая с детства была доброй, отзывчивой, искренней и трудолюбивой. Поэтому все соседи и родственники любили и баловали ее.

Из-за перенесенной в детстве болезни она лишилась одного глаза. Она была маленького роста, незаметная и некрасивая. Ее несуразная внешность очень часто была предметом насмешек и издевательств окружающих.

Став девушкой, она и не мечтала когда-нибудь выйти замуж и родить детей. Но, вопреки ожиданиям, очень многие желали взять ее в жены. В конце концов, она вышла замуж за молодого человека из соседней деревни.

Она была хорошей женой и невесткой. Исправно исполняла домашнюю работу и не роптала по поводу того, что в семье мужа приходилось в год справлять по двенадцать поминок. Сестра родила пятерых детей: троих мальчиков и двух девочек. С мужем они жили дружно и счастливо.

Сестра и Иисус Христос

Однажды сестра слушала благовествование местного пресвитера и так заслушалась словом Божьим, что захотела тотчас пойти в церковь. Но из-за домашних дел и полевых работ она долго не могла пойти туда. Она стала читать Библию и слушать Благую Весть от глухой дочки дьяконицы из ее деревни.

И так она увлеклась этим, что не могла и дня прожить без чтения слова Божьего. Наконец, в один прекрасный воскресный день она все-таки пошла в церковь. Этот день стал самым радостным событием в ее жизни. Она даже помнит, какое было число в тот день.

С того дня сестра не пропустила ни одной воскресной службы. Как только прозвонит церковный колокол, она быстрее заканчивала работу и бежала в церковь. Все, что бы она ни делала, сопровождалось пением гимнов. Как бы ни была тяжела полевая работа, она всегда выкраивала минуты, чтобы послушать слово Божье. Выходя в поля, она обязательно брала с собой в корзине радиоприемник, чтобы слушать христианские радиопередачи. Так она слушала проповеди и разучивала гимны. Вся ее жизнь была служением и молитвой Богу.

Как бы ни была она занята на поле, она не пропускала воскресные богослужения. Сестра всегда улыбалась и старалась скрывать уставший вид после проведенной в молитве бессонной ночи. Односельчане всегда говорили ей:

— Тебя никогда больной и не увидишь. Неужели Иисус делает тебя здоровой и счастливой?

И в такие минуты сестра всегда пыталась передать Благую Весть людям. Никогда не было такого, что она откладывала дела или не выполняла свои обязанности из-за того, что ходила в церковь. Даже если ей приходилось всю ночь работать, она выполняла свои обязанности как жена и мать. Никто не мог ее упрекнуть в том, что она все забыла в своей вере в Бога.

Но мать, братья и сестры не понимали ее, считали, что она странная, и даже упрекали ее. Им не нравилось, что она несет службу в церкви, благовествует и служит пастору. Каждое воскресение сестра вставала рано утром, справляла домашние дела и бежала в церковь, чтобы служить Богу. Она помогала пастору в его нелегкой службе. Незаметно от пастора оставляла у дверей его дома продукты. Каждый раз, узнав об этом, мать кричала и ругала ее.

— Если ты служишь Богу, так зачем ты рис и деньги-то туда носишь? Вот поэтому вы и нищие. Хватит ходить в эту церковь. Опомнись! — ругала сестру мать, но сестра не слушала ее.

— Мама, верьте в Иисуса, в слово Божье. Вы не представляете, сколько радости и счастья дарит эта вера! — старалась проповедовать сестра.

Для сестры дороже славы и всех земных богатств была вера. Со слезами молилась она за неверующих мужа и детей. С мужеством она выносила все беды, неудачи и упреки.

Отдав Богу золотое кольцо

Сестра старалась не пропускать ни одного христианского собрания, потому что там она могла вместе с другими верующими свободно говорить о Боге. А еще сестра отдала свое золотое обручальное кольцо, единственную ее драгоценность, в виде пожертвования церкви.

«Боже, дай мне веру такую же драгоценную, как это кольцо. Дай мне веру, которая не поблекнет от времени и будет сиять, как это золото», — молилась она, отдавая это кольцо. И отдавала она свое обручальное кольцо не для получения в будущем материальных благ, а только ради того, чтобы Бог подарил ей драгоценную веру.

Смотря на сестру, уходившую от меня, я вспомнил ее детство и молодость. Она пыталась благовествовать и мне. Как-то после женитьбы она говорила мне:

— Ну, женился, а теперь обновленной душой в Бога поверить можно.

Но я пропустил ее предложение мимо ушей. Тем не менее, каждый раз, когда подворачивался подходящий случай, она пыталась уговорить меня поверить в Бога. После того как я заболел, сестра пыталась мне втолковать, что вера необходима мне, необходима именно сейчас. На что я ей резко ответил:

— Сестра, ну как можно вылечиться, поверив в Бога? Сегодня, когда даже всесильная медицина не может меня излечить. Где он, Бог? Где этот пресловутый рай? Вы видели его? Извините, но вы из-за своего невежества верите во всякую чепуху. И, пожалуйста, впредь не уговаривайте меня поверить в Бога.

Как я ни запрещал ей говорить на эту тему, каждый раз, приехав в Сеул, сестра снова и снова предпринимала попытки передать мне Благую Весть.

Единственным человеком, кто пытался меня поддержать, когда я был уже измотан семилетней борьбой с недугом, была сестра.

— Джей Рок Ли, вот тебе кажется, что осталось только умереть, но есть спасение и для тебя. Ты сможешь снова быть здоровым. Поверь в Бога, поверь в Иисуса Христа. Только это тебя спасет.

Сейчас же в Бога я поверить не мог, но во мне все крепчала мысль, что если я поверю в Иисуса, то останусь жить. В конце концов, наступил момент, когда я уже устал от болезни и от душевных ран, и тогда я решил, что наступило время, когда нужно выполнить просьбу сестры — поверить в Бога.

Мудрость сестры, подаренная Богом

Мой путь с сестрой на христианское собрание стал дорогой к Богу, дорогой к жизни. Бог, живой и чудотворящий, дающий мудрость презренному и богатство нищему, дал мудрость моей сестре.

Он открыл путь мне, тому, кто не слышал и не понимал промысла Его в словах благовествующего, тому, кто не мог найти дорогу от смерти к жизни.

«Дорогой Бог Отец! Помоги моему брату найти дорогу к тебе. Исцели его больную плоть. Сделай так, чтобы через него все мои родные поверили в Тебя и получили спасение», — и Бог внял горячим молитвам сестры. Разве понимал тогда я, глупый и недалекий человек, мудрость Божью? Великую мудрость Отца Нашего...

Наконец, на меня упал маленький луч света Божьего, выведший мою душу во тьме от смерти. Он согрел мою душу и открыл двери моего сердца, чтобы я мог услышать слова своей сестры.

Сейчас моя сестра Ли Чжонг Сун — дьяконисса. И каждый день ее жизни проходит в молитве за Царство и за волю Божью. Всю свою жизнь она посвящает передаче Благой Вести людям, во имя спасения их душ. И все члены ее семьи получили Божью любовь и благословение, поверили в Иисуса Христа. Сейчас все они, рабы Божьи и Его служители, выполняют священную волю Бога по всему миру. Благодарим Господа нашего....

5. Второе рождение

На христианском собрании

На следующий день сестра пришла ни свет ни заря, как обещала, и торопила меня, чтобы я быстрей собирался. Целая вечность прошла, пока я, с трудом опираясь на палку, спустился от нашего дома до дороги.

Мы доехали на автобусе до Содемуна. Подходя к месту, где должно было проходить собрание, мы услышали звуки гимнов.

— Как мы с тобой ни спешили, все равно опоздали. Ну, давай, быстрей заходи, — торопилась сестра, пропуская меня вперед.

Мы зашли в двери здания. Я заглянул внутрь зала и испугался: огромный зал был весь полон людьми так, что невозможно было пройти. Мне пришлось подняться на второй этаж по лестнице для инвалидов. Держась за перила и превозмогая боль в суставах, я поднялся наверх.

Еле-еле взобравшись на третий этаж, я стал искать место, чтобы сесть. Я мешкался и не успевал сесть, потому что меня опережали другие. Наконец, я нашел место и опустил свое обессиленное тело на скамью. Пока приходил в себя, люди все шли и шли.

«Почему так много людей?», — размышлял я, наблюдая за потоком людей, которому, кажется, не было конца.

Озираясь по сторонам, я пытался разглядеть весь зал. Вдруг на сцену вышла женщина в белом головном уборе и начала что-то говорить в микрофон. Она стояла на сцене, за которой висел крест, и о чем-то уверенно говорила, сопровождая свою речь жестами. После каждого призыва многочисленная аудитория поднимала руки вверх и кричала «Аминь!».

Я первый раз был на такого рода собраниях, поэтому вид этого зрелища меня испугал, тем более что я совершенно не понимал, о чем говорит эта женщина. Что-то странное творилось в моей душе.

Я стал глазами искать сестру. Пока я пытался найти ее среди людей, вдруг сидящие вокруг меня люди начали молиться. Кто-то молился широко раскрыв рот, будто сошел с ума; кто-то молился, подняв руки вверх; кто-то качался из стороны в сторону; кто-то бил себя по груди и плакал. Некоторые же молились молча.

«С ума что ли люди сошли? Не знал, что такое бывает. И зачем я сюда пришел? Надо быстрее отсюда уходить. Здесь все сумасшедшие какие-то собрались. Так недолго и самому лишиться рассудка. Быстрее бы отсюда выйти».

Хоть я и не ходил в церковь, мне казалось, что молиться нужно про себя, и что от верующих должно исходить что-то священное и благоговейное. Но в тот день я увидел зрелище, шедшее вразрез с моим представлением о церкви.

Наконец, я нашел свою сестру и был ошеломлен. Моя старшая сестра, человек тихий и застенчивый, плакала и молилась, дрожа всем телом и размахивая руками.

«Неужели это моя сестра? Как может человек так измениться?» — не верил я своим собственным глазам.

Я не решился сказать сестре, что хотел бы уйти. Тем более, она так хотела прийти сюда. Но и стоять и наблюдать за всем, как истукан, я не мог. Я встал на колени рядом с молящейся сестрой и подумал, что, может быть, также как и она, смогу почувствовать что-то необыкновенное. Я закрыл глаза, соединил руки и начал молиться.

Во время молитвы

Это случилось именно в тот момент! Мое тело стало горячим, спина была мокрая от выступившего пота. Вся одежда стала мокрая.

«Что это мне так жарко?»

Чувство было очень странным, и я подумал: «Это, наверное, от стыда». Я не знал тогда, что это был жар от огня Святого Духа.

Я не заметил, как прошел испуг и дискомфорт от пребывания в церкви. Мне уже не было так непривычно и чуждо. Мне стало интересно, о чем же говорит эта женщина в белом.

В этот момент кто-то постучал по моему плечу.

— Джей Рок Ли, сейчас начнется время молитвы за больных и страждущих. Получим благословение пастора и пойдем домой. Так как ты — больной, получай благословение последним. Говорят, что последнее благословение самое хорошее, — улыбаясь, говорила мне сестра. Стоя в живой очереди для того, чтобы получить благословение, я узнал поразительные вещи. Кто-то рассказывал, как исцелился от неизлечимой болезни и сейчас, уже став здоровым, радовался жизни. Люди, стоявшие в очереди, с таким убеждением рассказывали о том, что нет такой болезни, которую бы не могла исцелить Божья сила, что я преисполнился радостью и надеждой. Лица говорящих казались мне освященными в своей благодарности Богу за отпущение грехов и исцеление их души и тела.

И мне благословение Божье...

Подошла моя очередь получить благословение и услышать молитву за меня. Я подошел к дьяконисse, и она возложила руку на мою голову. После этого, говоря какие-то таинственные для меня слова, она с силой толкнула меня в спину.

Я отлетел почти на два метра от места, где происходило благословение. Пока я летел по гладкой поверхности деревянного пола, то думал: «Много же людей прошло по этому полу, если он стал таким гладким». Но когда я встал, мне стало почему-то очень стыдно за мой нелепый вид.

«Что за ерунда! Как молитвой можно излечить болезнь?» — меня снова стали одолевать сомнения, очередь уже не казалась священной, а люди походили больше на каторжников и выглядели жалкими. И вдруг я вспомнил судебное разбирательство по поводу аферы, которую провернула одна женщина из местечка Чжонгып. Тогда по всей стране прошел слух, что она излечивает все болезни и недуги. И толпы больных и здоровых людей потянулись в Чжонгып. Была даже передача, рассказывающая о том, какие неизлечимые болезни способна исцелять эта псевдоцелительница. Но, в конце концов, устроенная интрига была разоблачена, и «целительница» оказалась за решеткой.

Вспоминая этот случай, я спускался по лестнице вниз. Когда я был уже на первом этаже, то вдруг обнаружил, что у меня почему-то не болят ноги. Сестра, узнав об этом, прыгала от радости. Исполнилось то, о чем я мечтал в течение долгих семи лет.

Обессилевший, я сел в автобус и всю дорогу, ни о чем не думая, смотрел в окошко. Но странное дело: всю дорогу мне слышался звук грома. Как только мы доехали до рынка Кымходонг и вышли из автобуса, звук прекратился.

«Что это было? Что это так грохотало?» — подумал я, посмотрев на чистое небо. Перед рынком мы с сестрой расстались: я пошел к жене в лавку, а сестра — домой к сыновьям.

Дорогая! Я хочу есть

Жена моя кормила семью, торгуя в лавке разной снедью. Так как она готовила очень хорошо, от клиентов не было отбоя.

Как только я увидел на лотке разложенные для продажи яства, у меня потекли слюнки. Я зашел внутрь, тут же попросил что-нибудь мне приготовить.

— Дорогая! Я голоден. Дай мне мясо и рис, и побыстрее.

— Мясо и рис?! Что с вами? Что-то вы какой-то странный стали после этого собрания. Вам же нельзя есть мясо. Давайте я вам приготовлю что-нибудь другое, — ответила на мою просьбу жена, продолжая работать.

— Мне кажется, что я сейчас не только мясо, но и гвозди переварить смогу. Так что давай. Обещаю, что не буду переедать, — выпрашивал я у жены, как ребенок. Она пристально посмотрела на меня и молча начала готовить мне ужин.

Я уже давно не ел с таким аппетитом. Мясо, которое раньше я не мог даже проглотить, таяло у меня на языке.

Я в мгновение ока опустошил чашку с рисовой кашей и целую тарелку с мясом. Жена не могла скрыть тревогу, смотря на мой неожиданный аппетит:

— Вы уверены, что все будет хорошо?

После вкусного ужина у меня по всему телу разлилась приятная нега. Настроение было наипрекраснейшим. Я сидел сытый, развалившись на стуле, и слышал голоса людей.

Дорогая! Я слышу

Я по неволе вдруг повернулся к клиентам, сидящим за соседним столиком, и громко спросил:

— Извините, что вы сейчас сказали? Вы же сделали заказ? Правда?

— Да, две порции острых рисовых хлебцов. И побыстрее, пожалуйста, — ответил мне оторопевший клиент.

Я готов был прыгать от радости.

— Дорогая! Здесь заказали две порции острых рисовых хлебцов, — крикнул я жене и подошел к ней.

— Я слышу. Я ясно слышал, что сказал клиент. Очень и очень ясно!

Мое сердце готово было разорваться от радости, на глаза навернулись слезы. Я вспомнил грохот, который послышался мне в автобусе, и понял, что это был гул мотора и голоса беседовавших в автобусе людей. Я не мог поверить, что мои уши с лопнутыми перепонками могут слышать. Это было невероятно!

От пережитого за тот короткий вечер, не понимая причину случившегося, мы с женой первый раз за долгие семь лет заснули сладким сном.

Каждое мое утро было похоже на другое. Начиналось все с похода в туалет. Кроме того, что я умывался и чистил зубы, мне приходилось намотанной на зубочистку ватой обрабатывать язвы и болячки.

Случилось это 18 апреля 1974 года. Как обычно, я зашел в туалетную комнату и заперся, чтобы провести свой утренний моцион. Накрутил на зубочистку вату, чтобы обработать ухо, где за всю ночь должен был скопиться гной, но вата осталась чистой. Снова я сделал попытку очистить ухо, но вата опять осталась чистой.

«Что случилось? Почему вата такая чистая?»

Я попробовал очистить другое ухо, но и там гноя не оказалось. От волнения сердце было готово выпрыгнуть из груди. Я сразу вспомнил слова людей из той священной очереди.

«Господь Бог жив. Он исцелил все мои болезни».

Пытаясь сдержать дрожь и волнение, я осторожно взглянул на свои руки и обнаружил, что они уже не гноились.

«О чудо! Гноя больше нет! У меня больше не гноятся руки!»

За ночь все язвы на руках затянулись коричневой корочкой. Я не понимал, как могло такое случится? Я приподнял рукав, чтобы осмотреть локоть, но и там обнаружил, что все затянулось корочкой.

От волнения я не мог больше находиться в туалетной комнате. Я прибежал в комнату и стал сдирать с себя одежду. Дрожащими руками я снимал одну вещь за другой и снова убеждался, что ни на коленях, ни на стопах не было больше гноя. От удивления мои глаза округлились. Я поднял руку, чтобы пощупать шею.

«Куда же делись шишки на лимфоузлах? Они же были прямо здесь. Их нет! Ни одной!» — как я ни старался найти их, ничего не мог нащупать.

Я не верил тому, что видел и чувствовал. В голове все смешалось. Сердце бешено колотилось. Мне казалось, что я перестал дышать.

Я схватился за голову, прислонился к стене и стал вспоминать все с самого начала.

«Обычно утром я не могу сразу подняться с постели. Вставать я мог, только опираясь о стену, а до туалета чуть ли не дополз. А что же было сегодня утром? Я с легкостью встал. У меня не кружилась голова. При ходьбе у меня не болели суставы...»

Я попытался согнуть и разогнуть колено. Я согнул — ничего не заболело, разогнул — и тоже не почувствовал никакой боли.

Неужели Бог исцелил меня?

«Невероятно! Я не принимал лекарства, мне не делали операцию. Разве возможно такое? Это — чудо! Не было сомнений, что это Бог исцелил меня...»

Взволнованный — я стал снова и снова восстанавливать в памяти вчерашний день, когда мы с сестрой ходили на христианское собрание.

«Превозмогая адскую боль в суставах, я поднялся на третий этаж. Меня бросило в жар во время молитвы. И.... именно тогда у меня исчез страх. После того как я получил благословение, с легкостью спустился вниз по лестнице. И мне это показалось странным... Тогда, что это получается? Правильно. Именно с того момента я мог ходить. Именно тогда я и исцелился от всех болезней! Именно тогда мне исцелили мои ноги и уши! Именно тогда у меня перестали гноиться все язвы на теле! Именно тогда исчезли шишки в лимфоузлах! Правильно, это произошло именно в тот момент!» — кивая головой, вспоминал я. И не мог я уже отрицать того, что Бог на самом деле существует, что Бог жив. Не мог я не преклонить свои колени перед могуществом и силой Божьей.

Я не заметил, как мои щеки обжигают слезы.

«Боже! Боже! Боже! Боже, Ты есть, Ты существуешь! Боже, Ты исцелил мою плоть! Ты полностью исцелил все болезни, какие были у меня! А я не верил в Тебя, когда мне говорили, что Ты есть. Я не верил, когда мне говорили, что Ты можешь исцелить все болезни. Я не верил! Не верил!»

Я рыдал во весь голос, стоя на коленях и запрокинув голову в своей комнате. Я рыдал и бил себя в грудь кулаком за то, что не верил в Него.

«Господи, благодарю Тебя! Господи, прости меня! Прости меня, если можешь! Это я, тот, кто кричал: "Покажите мне вашего Бога". Прости меня, Боже! Благодарю Тебя, Господи, за то, что исцелил меня, того, кому ничего не оставалось, кроме, как умереть!»

Услышав мои рыдания, в комнату прибежала жена.

— Дорогой! Что случилось?

Увидев разбросанную по всей комнате одежду, жена, испуганная до полусмерти, смотрела на меня.

— Я живу! Посмотри! Господь Бог исцелил меня!

Господь Бог жив!

Жена, ничего не понимая, слушала мой сбивчивый рассказ. Выслушав меня до конца, она стала осматривать мое тело. И только тогда она начала понимать, о чем я так кричал и вопил. Она не могла выразить радость и счастье, которое она испытывала. Счастливая, она плакала и обнимала меня.

— Неужели Господь Бог есть? Он существует, Он живой! Он исцелил вас! Это чудо! Теперь мы заживем, как люди. Я так счастлива!

Вся в слезах, она была такой счастливой.

В эту радостную минуту к нам в дверь кто-то постучал. Жена вышла из комнаты, чтобы открыть дверь. И вдруг я слышу:

— Спасибо вам большое! Вы не поверите: наш папа после благословения на христианском собрании исцелился. Он может ходить. Он слышит! Посмотрите, это все Бог исцелил. Это все, благодаря вам. Теперь я тоже буду ходить в церковь, и верить в Бога, — запинаясь и задыхаясь от радости, пыталась жена все объяснить сестре.

Тот день стал для меня вторым днем моего рождения. Днем, когда мне была подарена новая жизнь. День, когда я встретил Бога. Это был день, когда я познал радость и счастье от встречи с Господом.

Бог простил мои грехи и исцелил меня, вняв горячей молитве моей сестры.

Бог внял ее молитве, в которой она просила Господа обратить к вере всех ее родных. Она молилась за наше спасение, и Бог ответил ей. Бог исполнил ее заветное желание. Потому что Он знал, для чего предназначена моя жизнь.

Бог, явившийся мне наяву, неверующему и не искавшему Его, был Богом любви. Бог знал, что вера моя будет непоколебима, и что я буду служить Ему верой и правдой. Он знал, что я смогу выполнить все то, что Он накажет мне, и вынесу любые испытания, которые выпадут на мою долю. Господь Бог сжег мои болезни огнем Святого Духа и исцелил мою плоть, когда я стал молиться, придя на христианское собрание.

Я получил чудесное исцеление, встретил Господа и получил второе рождение.

Сестра зашла в комнату и ничего не могла сказать: она плакала и молилась.

«Отче наш, Сущий на небесах!

Прими молитву мою и благодарность за чудесное исцеление, которое Ты подарил брату моему.

Благодарю Тебя за то, что брат уверовал в Тебя, Отец!

Благослови все пути его, сделай так, чтобы он стал сыном, достойным Твоей великой любви.

Господи, дарующий жизнь мертвым.
Да славится Имя Твое!
Именем Иисуса Христа молюсь. Аминь»

Часть третья

О, Боже!

1. Новая жизнь

Начало новой жизни

Разве это не чудо — проснуться утром и обнаружить, что ты исцелен. Как ни пытался я подвергнуть сомнениям происшедшее со мной, восхищение перед свершившимся чудом прогнало последние сомнения из моей души.

«Слава Тебе, Господи!»

Человек, который отрицал существование божественного, за несколько часов поверил в Бога, в Его существование. В мгновение ока я стал человеком, для которого имя Бога стало самым священным на земле.

Я преклонил колени перед Господом, Который подарил мне новую жизнь и здоровье, когда я бродил по «долине смерти».

Теперь я стал человеком. Я мог слышать голоса людей, мог есть то, что едят другие. Я мог делать все, что делает любой другой.

Первое, что я хотел сделать, это было то, что делает тот, кто верит в Бога. Я хотел быстрее войти в священные стены церкви. Я вышел на улицу и стал искать здание с крестом. Внезапно я обнаружил, что вокруг, оказывается, было очень много церквей. Я не знал, в какую из них зайти.

— Куда же пойти? — задался я вопросом.

— Прямо за нашей лавкой есть одна церковь. Лучше ходить в ту, что ближе, — подсказала жена, и мы решили, что будем ходить туда.

Дорога в церковь

Наконец, наступил долгожданный воскресный день. Я не шел, а летел в церковь. В тот день я смотрел на свою семью, и мне казалось, что это самая прекрасная семья на свете. Я, жена и дочь — все вместе взялись за руки и отправились навстречу новой жизни.

— Папа, а зачем мы в церковь идем? — спрашивала любопытная дочь, хотя ей было все равно куда идти, потому что мы первый раз всей семьей вышли куда-то.

— Мы идем благодарить Господа Бога за то, что Он вылечил папу от всех болезней и сделал нас всех счастливыми.

Как только мы вошли в церковь, мое сердце переполнилось чувствами.

«Господь, благодарю Тебя за спасение!»

Нас добродушно встретили и показали места, куда мы могли бы сесть. Когда я сел, у меня почему-то все дрожало.

«Боже, сегодня моя семья пришла в церковь. Я так жалею о том, что это не произошло раньше. Почему мы не знали, что есть такая радость в жизни, как вера в

Тебя?»

Мягко льющаяся музыка приносила в наши души мир и покой, будто мы были в родительском доме. Уже не был непривычен вид кафедры и креста. Прекрасные цветы, украшавшие подножие кафедры, казалось, приветствовали всех, кто пришел в храм Божий. Все встали, чтобы спеть хвалебные гимны и прочитать стихи из Библии. Я пытался успевать прочитывать текст гимнов и петь. Когда стали зачитывать стихи из Библии, срывающимся голосом я читал слово Божье. И у меня все получалось.

После того как все сели на места, на кафедру вышел человек и начал молиться. Громогласным голосом он возносил свою молитву, и мои глаза наполнились слезами, а сердце бешено колотилось. По щекам потекли слезы.

Затем настала очередь церковного хора. Весь хор поднялся и, переполненные радостью, певцы запели. От их пения моя душа растаяла. Я почувствовал, что их голоса в своей силе стремительно устремлены вверх, к небу. Потом вышел пастор. Он говорил о любви и милости Иисуса Христа и передавал нам Благую Весть. Я не все понимал из того, о чем говорил пастор, но сердце мое переполняла радость и чувство благодарности. Пастор виделся мне лучом света, который коснулся нас: меня и мою жену.

Принося пожертвования под звучание славословий, мне показалось, что мое пожертвование такое ничтожное, и я решил, что в следующий раз обязательно принесу больше. Во время службы, впервые, сам того не замечая, я плакал перед женой. И мне не было стыдно за свои слезы. Я видел, как жена пыталась скрыть слезы, выступившие на ее глазах.

Служба уже закончилась, но мне не хотелось покидать церковь. Я остался сидеть на месте и снова начал молиться.

Возносящий молитву Господу

«Господь Бог, Ты есть, Ты существуешь. Сегодня я, жена и моя дочь вышли, чтобы прийти на богослужение. Господи, прости меня за то, что я отрицал Тебя, считая свои знания выше Божественной силы Твоей. Прости меня за гордыню и глупость мою. Господи, помоги мне, ибо я родился заново. Уверовал я в силу Твоего исцеления. Господи, веди меня в силе Своей. Боже, Сущий, помоги мне в жизни моей. Направляй меня. Веди меня Твоими путями».

Мне было радостно на душе. Покой и мир царили в моем сердце. Наша семья во время службы получила столько благословения, что радости нашей не было конца.

Нам срочно нужна была Библия и сборник гимнов. Пришлось несколько дней собирать необходимую сумму денег, чтобы все это купить. Мы не смогли купить книги в хорошем переплете, но для меня они были самыми дорогими, потому что там было написано слово Божье.

Так как я очень любил чтение книг и никогда не расставался с ними, даже в дни моей болезни, то купив Библию, принялся за ее чтение. Я мог целыми днями проводить за чтением Библии. И чем больше я узнавал о Иисусе Христе, тем больше мне становилось стыдно за свою гордыню и глупость, тем больше я был благодарен силе Божьей, излечившей меня.

Каждую ночь я распевал гимны и молился.

«О благодать, спасен тобой я из пучины бед.

Был мертвым, чудом стал живой, был слеп и вижу свет.

Сперва внушила сердцу страх, затем дала покой.

Я скорбь души излил в слезах, Твой мир течет рекой».

Чем больше я пел, тем больше сердце мое переполнялось радостью, и слезы ручьем текли по щекам.

Руки мои сами по себе возносились вверх, и мне казалось, что я вижу Иисуса.

«Иисус, я делал вид, что знаю Господа, но не знал Тебя. Я злобно ругал сестру свою за то, что она передавала мне Благую Весть, дабы уверовал я в Христа.

Иисус, я усмехался над всеми, кто восхвалял Тебя и молился Тебе. Я говорил, что они безумны. Я ненавидел их за их молитвы и слезы.

Иисус, мне не понравилась молитва дьякониссы на христианском собрании, и в душе моей поселилось сомнение. Я не верил людям, которые говорили, что Господь исцелил их.

Верю я, что Ты простишь меня, глупого и надменного.

Иисус, Ты дал мне жизнь и спас от смерти. Ты подарил мне радость и избавил от печали. Освободил меня от недуга и подарил мне здоровье. И миллионы уст не смогут выразить той благодарности, какую испытываю я.

Боже, Ты — Бог любви, Ты — Бог силы. Да восславится имя Твое, Иисус; как я смогу отблагодарить Тебя за милость Твою? Нет у меня ничего, что я мог бы отдать Тебе. Нет у меня ничего, кроме самого себя. Я хочу отдать душу свою Тебе, Боже. Прими мою благодарную душу, Господи».

Так я молился и восхвалял Господа, потеряв ориентиры в пространстве и времени.

Я тоже кое-что могу

Кончились долгие семь лет лежачей жизни. Я мог жить, как все люди. Теперь я должен был работать, чтобы кормить мою семью. А еще я хотел своей жизнью и трудом отблагодарить Господа, чтобы Он знал, что не зря исцелил меня.

Все, что мне осталось от той жизни, были только долги. Но я знал, что Бог не оставит меня в трудностях. Страхи исчезли, и уверенность в завтрашнем дне росла вместе с моей верой. Да и чего мне было бояться, здоровому и счастливому.

Чтобы расплатиться с долгами, не было другого пути, кроме как заниматься торговлей, но и там почти не было никакой прибыли. Сумма, с которой мы должны были расплатиться, была огромной, поэтому никто уже не хотел нам одалживать. А просить деньги у братьев мне не хотелось. В то время (1974 год) каждый месяц мы должны были выплачивать проценты с долгов в размере сорок тысяч вон, а средняя зарплата на каком-либо предприятии была двадцать тысяч вон, так что идти работать в какую-нибудь фирму и получать такие деньги я просто не мог.

Как человек, получивший благословение Господне, каждое воскресение я должен был ходить в церковь.

Поэтому, какой бы высокой ни была зарплата, я отказывался от работы, если там требовалось работать в воскресный день. Искать работу, удовлетворяющую все мои пожелания, было еще сложнее.

Я хотел быстрее начать работать, но никак не мог найти подходящего места. Как раз в это время один знакомый, техник по профессии, предложил мне работу. Я было отказался, потому что не был уверен, что смогу справиться с этой работой, но он убедил меня, сказав, что будет работать вместе со мной и поможет мне.

Я долго думал и принял решение.

«Боже, Ты подарил мне здоровье. Я должен сохранить воскресение, чтобы благодарить Тебя. Я верю, что все материальное придет само собой. Поэтому, пока не наступил тот день, я должен заниматься тяжелым трудом. Я здоров. Что мешает мне работать?»

Так я первый раз в жизни вышел на черные работы. Как я ни старался, у меня не получалось и половины того, что делали мои напарники. Я много раз хотел бросить все, но каждый раз останавливал себя. «Если ты и этого не вытерпишь, то ты ничего не добьешься». Я приходил домой и на следующий день снова заставлял себя выходить на работу, превозмогая мышечную боль.

Дружная семья

Жена жалела меня и радовалась одновременно. Как жена, она была счастлива от того, что я прилагаю все усилия, чтобы прокормить семью. Дочки радостно встречали меня, повиснув на моей шее, потому что и их папа, как миллионы других пап, работал и приходил домой после тяжелого рабочего дня.

Как давно я не чувствовал этого: счастья жить именно вот так. Я переполнялся любовью к жене и детям. Теперь наша семья жила в согласии и мире.

Каждый день был особенным. Мы жили с надеждой на светлое будущее. Каждый день мы с женой восхваляли Господа нашего за подаренную жизнь.

От Господа новую жизнь получил я в награду.
Прошлое ушло, и я родился заново.
Новая жизнь течет во мне, как река.
И любовь Господня светом озаряет мою душу.
Живу я в Господе, в преддверии вечной жизни.
Живу я в Господе и сегодня и завтра.

2. Дай мне силы простить!

На родине

Десятого июля 1974 года я вместе с семьей отправился домой, в деревню. У отца был день рождения.

Страдания и скандалы, разрывавшие нашу семью, ушли в небытие. В нашем доме поселились мир и покой, и я первый раз в жизни почувствовал, что такое счастье, и жил в ожидании исполнения моей мечты.

Когда я вспоминал о том, как родители стыдились меня, потому что я был больным и ни к чему не способным, то домой мне ехать не хотелось. Но сейчас, встретив Бога и исцелившись, я забыл о душевных ранах и со спокойной душой решил все-таки поехать домой. Я даже торопился туда, потому что хотел побыстрее поведать им о чуде, которое сотворил Бог.

Как это было давно: отправиться в путь здоровым и с радостным сердцем! За окном поезда проплывали сопки, леса, речки и поля. Все было таким прекрасным.

Вся моя семья была в сборе: мать с отцом, братья с женами, сестры с мужьями, племянники. Это была одна большая семья. Я давно не ел и не пил так много за здоровье отца, поздравляя его с днем рождения вместе со старейшинами нашей деревни. Мои родные и односельчане не могли скрыть своего удивления, увидев меня совершенно здоровым.

— Это чудо! Чудо! Ты — счастливый человек. А правда, что тебя якобы Господь Бог исцелил? Что-то нам не верится. Тебе все-таки, наверное, просто повезло, — поздравляли все меня, но верить в то, что здесь было вмешательство чего-то Божественного, никто не хотел.

Лишь для матери мое исцеление стало толчком для начала ее веры в Бога. Она перестала увлекаться идолопоклонством и посещать буддийские храмы. Мать стала ходить в церковь.

«Господи, Ты исцелил моего сына. Как мне не верить в Тебя? Куда бы я ни ходила и ни молилась, болезнь не отпускала его. И только после того, как он сходил с сестрой и получил благословение, пришло к нему исцеление. Боже, Ты спас моего умирающего сына. Как мне не верить в Тебя! Теперь для меня существуешь только Ты, Господь!»

Допоздна не стихал в тот вечер смех в родительском доме. Родительской радости не было конца. Но самым большим счастьем для них было выздоровление сына. С их плеч будто упал тяжелый груз, который они несли на себе долгих семь лет.

Ушла жена

На следующий день после торжества жена начала собираться в обратную дорогу. Вдруг мать вызвала ее, сказав, что ей надо сказать несколько слов. Видимо, пожелав год назад сыну смерти, матери было неудобно перед невесткой за сказанные слова, и она хотела оправдаться.

— Намучилась ты, бедненькая. Невезучая ты, вот и судьба у тебя такая. Женился сын на тебе, да и заболел сразу. Мучилась ты семь лет, а теперь Джей Рок Ли выздоровел, считай, что за все ты отплатила своей судьбе-злодейке. Живите теперь счастливо.

Как только мать закончила говорить, жена вся переменилась в лице и задрожала, она не знала, как сдержать свой гнев.

— Вы хотите сказать, что Джей Рок Ли болеет из-за того, что женился на мне? Потому что я невезучая? — вспылив, жена не выдержала и встала. — Все понятно. Все, я развожусь. Это невыносимо. Все, развод! — кричала она, в бешенстве выходя из комнаты.

— Разве можно так. Погоди... — пыталась остановить жену сестра, но жена, оттолкнув ее, выбежала из дома.

Тотчас весь дом уже гудел от происшедшего.

— Мама! Как вы можете такое говорить? Вместо того, чтобы утешить и пожалеть ее за страдания, которые она выносила все семь лет, вы обвиняете ее в том, что все случилось из-за того, что она невезучая.

Разве можно такое говорить? — не мог я себя сдержать, и все высказал матери. Я не ожидал, что мать может такое сказать, тем более, что она была человеком очень рассудительным и ничего зря не говорила людям.

«Она выбежала без верхней одежды, походить где-нибудь, проветриться да вернется», — размышлял я. Но время шло, а она не возвращалась. Я уже начал переживать за нее.

— Да куда она уйдет? Вернется, куда денется. Давай-ка лучше поговорим, по-мужски. По правде говоря, женушка твоя упрямая и деньгами не может распоряжаться. Вот вы и жили в нищете. Ты ее в этот раз как следует проучи. Где это видано, чтобы сноха свекрови отвечала так, да еще из дома уходила. Непростительно это ей, — как бы утешали меня братья, но мне это не понравилось.

«Ну, что же это такое? Думал, что теперь заживем счастливо. Что же за напасть такая?»

Ждать было уже невыносимо. Все мои мечты разбились, и я, не выдержав переполнявших меня эмоций, выбежал на кухню, схватил бутылку водки и залпом выпил ее. Я моментально опьянел и начал кричать на всех, выговаривая всем все, что было у меня на душе.

— Как вы смеете за спиной человека говорить про него всякие гадости? Вы что, думаете, что этим утешили меня? Если вам так угодно, я могу и умереть.

Все родные были в шоке от моих слов и действий и не знали, что делать.

Вся деревня наблюдала за сценами ухода жены и моего пьяного дебоша. Немного успокоившись, я от стыда не знал, куда себя деть, и ушел к сестре домой.

Я понимал, почему жена так обиделась на мать.

«Как ей, наверное, было больно за то, что мать вместо того чтобы утешить ее, стала обвинять ее во всех несчастиях. А она ведь все семь лет была со мной рядом, не бросила меня и выстояла все...»

Я не мог больше ждать. Жена не возвращалась. Я понял, что она не смогла перебороть в себе чувство обиды и уехала в Сеул. И я поехал за ней в Сеул.

Взяв с собой старшую дочь, я отправился в дорогу. Я ненавидел поезд за то, что он медленно ехал. Мне хотелось быстрее доехать до Сеула. Я хотел быстрее увидеть свою жену.

Я подошел к воротам дома, в котором мы жили, и осторожно позвал жену.

— Дорогая, открой дверь. Мы приехали.

Я думал, что сейчас откроется дверь, и нас выйдет встречать моя любимая жена, но никто не вышел. Я побежал в лавку, но и там ее не было. От волнения ноги не слушались меня. Невозможно выразить словами то, что творилось в моей душе.

Разрушенное семейное счастье

Меня охватило беспокойство. Через столько лет обрести счастье и потерять его в одночасье? Я не хотел выпускать из рук то, что получил через многолетние страдания. Я не мог просто так сдаться. Мне нужно было увидеть жену и поговорить с ней. Я не знал, где ее искать. Куда она могла уйти, бросив мужа и маленькую дочь? Я начал ее поиски.

На следующий день жена вернулась домой. Но это была не она, а другой человек. Она стала другой. «Не может быть, что она решила развестись со мной», — успокаивал я себя, но жена убила меня своим решением.

— Я развожусь с вами, и это мое окончательное решение. Я уже подала заявление на развод в Мокпо, — заявила мне жена.

Я словно онемел и ничего не мог сказать ей в ответ.

На следующий день жена приехала вместе со своими родными за вещами и приданым.

— Все, она теперь не член этой семьи, — отрезали мне родители жены.

Они начали собирать вещи. Забирали все, вплоть до мелочей. Я не мог больше смотреть на это. Кроме этого, не забыли они и о залоговых деньгах за аренду лавки.

Пятилетняя дочь плакала, держась за юбку матери.

— Ма-а-а-ма! Не уходи. Я хочу жить с тобой.

— Будь сильной! Не надо никого жалеть! Ты должна быть сильной. Не оборачивайся и руби концы, — советовали родственники жене, и она, оттолкнув дочь, направилась к выходу.

Ми Ёнг побежала за ней вслед и снова схватилась за подол ее юбки.

— Мама! Не уходи. Ну, пожалуйста. Как же мы без тебя?

Но жена, ни разу не обернувшись, села в машину и уехала. Выбежавшая босой на улицу дочь вдруг перестала плакать, стала серьезной и сказала:

— Папа, теперь это не моя мама. Я никогда не назову ее своей мамой. Не пускай ее домой.

Я был ошеломлен ее заявлением. Маленький ребенок

и говорил такое! В моей груди как будто образовалась дыра, которую ничем невозможно было закрыть. Опустошенный, я оказался в тупике.

Но я взял себя в руки и с надеждой на то, что жена все-таки одумается, стал молиться.

«Боже, жена ушла от меня. Господи, верни ее в лоно семьи и сделай нас дружными и счастливыми. Верни моим маленьким дочерям их мать. Верю в силу и могущество Твое».

Я молился в течение двух недель, но не сидел сложа руки: постоянно ходил к родственникам и родителям жены туда, где она могла бы находиться.

— Теперь она уже не твоя жена. И хватит сюда приходить. Все равно она не хочет видеть тебя. Ты лучше думай, как тебе второй раз жениться, — говорила мне теща, не пуская меня в дом. Вся родня жены была только рада нашему разводу. И я ничего не мог поделать с этим.

После того, как жена забрала свои вещи, я отправил Ми Ёнг в деревню к родителям. Мне сообщили, что там она так сильно заболела какой-то кожной болезнью, что ее положили в больницу.

— Ми Ёнг в бреду постоянно зовет мать. Хоть бы мать приехала сюда. Только это ей поможет, — просили родные.

Я, собрав всю волю в кулак, снова пошел к родителям жены.

— Ну, и очень хорошо. Из-за Ми Ёнг ни ты, ни моя дочь не сможете спокойно жениться второй раз. Так что, оно может и лучше...

Жена так и не поехала к дочери. Несмотря ни на что,

дочка чудом выжила. Но тут не выдержал я. Устав от людской злости, от жизни, я стал катиться по наклонной плоскости.

Я встретил Бога, мог молиться, но не знал слова Божьего, поэтому не мог победить все беды и несчастья, обрушившиеся на меня разом.

Я начал пить, чтобы забыть все. Забыть мать, из-за которой все и началось. Забыть жену, которая из-за одного нечаянно сказанного слова готова бросить семью. Забыть родственников жены, которые подливали масла в огонь вместо того, чтобы помочь нам воссоединиться. Я хотел забыть их всех, утопить свое горе в водке.

Бедные, несчастные мои дочери так и росли без родительской заботы и ласки. И я курил, чтобы больше не думать о них. Вместе с сигаретным дымом я выпускал из себя чувство вины перед ними. Как только у меня появлялись деньги, я снова пил и пытался забыться в дурмане.

И только Господь дал мне силы

Мне становилось все невыносимее.

«Первый раз в жизни я был так счастлив. Я не смею упускать это счастье», — не в силах сдержать обиды, кричал я.

Но Господь открыл мне:

«Здоровье вернул тебе Господь. И сейчас тебя спасет только Он. Ничего не решится от того, что ты сейчас делаешь. Как бы ты ни сопротивлялся, ты уже потерял свое счастье. Все дела свои доверь Господу».

Я должен был принять тот факт, что семья моя разрушилась.

Семья — это то, о чем говорится в Библии: «оставит человек отца своего и мать свою, и прилепится к жене своей; и будут одна плоть» (Бытие 2:24). Если муж бросает жену, потому что не сошелся с ней характером, то семья разрушается. Мне приходилось страдать от боли, которую нанесла мне жена своим уходом, но Бога я бросить не мог.

И я выстоял, благодаря Господу моему.
И чтоб освободиться от страданий, иду к Тебе я, Господи.
Ушедши от горестей и разочарований, иду к Тебе я, Господи.
Чтоб получить благословение от Креста Христова,
Чтоб получила утешение душа моя, и утихли житейские бури,

Чтобы вознести хвалу, иду к Тебе я, Господи,
Иду к Тебе, чтоб вдохнул Ты жизнь и любовь Свою в мое обессиленное тело.
Иду к Тебе, чтоб вкусить небесную радость.

Вместе с женой мы прошли беды и несчастья, поверили в Иисуса, у нас были общие дети, но когда она ушла от меня, я понял только одно. Я понял одну истину, что только Бог любит меня, и только Он никогда не бросит меня.

Мы с женой стали чужими. Я вспомнил ее обещание развестись со мной, когда я вылечусь. Так и получилось:

как только я исцелился, она ушла от меня.

«От плода уст своих человек вкусит добро, душа же законопреступников — зло. Кто хранит уста свои, тот бережет душу свою; а кто широко раскрывает свой рот, тому беда» (Притчи 13:2,3). Все получилось так, как написано в Библии: после моей болезни жена ушла от меня!

Из-за всех этих волнений отец заболел. Мать больше не могла смотреть на мои страдания и предлагала мне жениться второй раз, но я отказывался.

— Мама, я ни с кем не хочу жить, кроме нее. Она обязательно вернется.

Я доверил всю свою судьбу Господу. Пытаясь забыть жену, последовав совету матери, я решил все-таки встретиться с кем-нибудь. Меня хотели познакомить со старой девой и говорили, что по характеру она человек необыкновенно добрый и с почтением относится к старшим.

Наконец, я пошел на свидание с ней. Передо мной была женщина, о которой можно было только мечтать. Это был мой идеал. Я не верил своим глазам. Мы понравились друг другу. Родители торопились быстрее справить свадьбу.

В один прекрасный день пришла моя бывшая жена, чтобы о чем-то поговорить со мной. Она обняла меня и стала рыдать, прося у меня прощения.

— Простите меня. Я виновата. Простите меня за грехи мои.

Но к этому времени я уже забыл ее и начинал новую жизнь. Я не мог ей простить того, что она сделала. Все, что осталось у меня к ней — это только ненависть. Я стал молиться и думал, что бы сделал на моем месте Господь.

«Господи, жена вернулась ко мне и просит прощения. Ты завещал нам прощать «до седмижды семидесяти раз» (Матфея 18:22). Что мне делать? Я вспоминаю ту боль, которую причинила мне жена, и во мне кипит негодование. А еще у меня есть женщина, на которой я собираюсь жениться. Но моим двум дочерям нужна родная мать. Мачеха не сможет стать им родной матерью. Что же мне делать, Господи? Направь меня, Боже».

И я сказал своей бывшей жене.

— Даже если я прощу тебя, моя родители и братья не смогут простить тебя, поэтому уходи.

Но жена была непреклонна.

— Я попрошу у всех прощения. Я никуда не уйду, — молила жена.

Она была кротка, но непреклонна. Совсем не похожа на ту, что я видел несколько месяцев назад.

Я решил простить ее, но с условием, что теперь она будет во всем повиноваться мне и попросит прощения у родителей, братьев и сестер. И еще я поставил условие, что пока ее родственники не придут и не попросят у меня прощения, я ее не приму. Жена на все согласилась и выполнила все мои условия.

Прослышав обо всем, пришла мать женщины, на которой я собирался жениться.

— Чем это моя дочь вам не угодила, что вы отменяете свадьбу? Разве можно так делать?

Я все честно ей рассказал. Она оказалась, на удивление, человеком очень понятливым и ушла с миром.

Вернулась жена

В конце концов, я простил жену, и мы снова стали «одной плотью». Это случилось через 120 дней после ее побега.

За это время Господь превратил жену из самонадеянной и вспыльчивой в покорную и спокойную. Это было лишь частью великого замысла Божьего, и я понял это только много позже.

В начале ноября 1974 года жена привезла свои вещи обратно домой, и мы начали нашу совместную жизнь.

Как мне было ни тяжело после того, как ушла жена, я старался не пропускать воскресные службы. В церкви я долго не мог найти духовного наставника, который бы помог мне постичь, что такое истина. Как раз в это время я переехал в новый дом, хозяин которого и посоветовал мне сходить на христианские собрания, проводившиеся в церкви Сондонг.

Так мы с женой начали ходить на эти собрания: утренние, дневные, вечерние. Мы не пропускали ни одного из них. На каждом собрании отдавали пожертвования, всегда садились на самые первые «золотые» ряды и молили Господа о милости.

После проповеди о Руфи жена раскаялась в содеянном. Она была восхищена Руфью, которая, даже после смерти мужа, до конца заботилась о свекрови Ноемини. Она раскаялась в том, что из-за одного нечаянного слова свекрови ушла из дома, что стало причиной развода.

— Мама, простите меня. Теперь я постараюсь быть такой же, как и Руфь.

Тогда, узнав о том, что я собираюсь жениться, жена просила у меня прощения, однако ненависть к свекрови осталась прежней. Но после этой проповеди она сильно изменилась. На меня тоже снизошла милость Божья: я перестал пить и курить. Тогда для меня и открылось, что я должен был делать, чтобы выразить свою любовь к Богу.

С того дня я стал молиться за то, чтобы моя сущность изменилась и отказалась от всего злого и нечистого.

Дай мне силы простить

«Всякий, ненавидящий брата своего, есть убийца; всякий убийца не увидит жизни вечной. Всякий, кто не будет творить дела добрые и не возлюбит ближнего своего, тот не Божий человек», — слова пастора кольнули в самую больную точку, и я стал молиться.

«Иисус, я не могу забыть слова тещи, которая обвиняла меня, называя калекой и обманщиком. Господи, помоги мне простить и забыть всю обиду».

«Иисус, помоги забыть обиды на жену. Она обвиняла меня в том, что я не выполняю обязанностей мужа и отца. И я решил, что, когда излечусь, то заработаю деньги и отомщу ей за всю боль, которую она мне причинила. Господи, рассей в моей душе всю злость и негодование».

«Иисус, я до сих пор помню, как родители и братья не хотели больше заботиться обо мне и желали мне смерти. Боже, прогони прочь всю ненависть из моей души».

«Иисус, помоги мне превратить ненависть в любовь

к тем, кто ругал и презирал меня за то, что я ничего не мог делать; к тем, кто готов лобызать Твою обувь, если Ты им нужен, и переступит через Тебя, если Ты им не понадобился. Помоги мне полюбить их всех».

«Господи, помоги мне простить всех людей».

На каждом собрании мы с женой плакали. Мы проливали слезы, вспоминая прошедшие дни, когда нам было нелегко; благодаря Бога за Его любовь к нам; благодаря Господа за то, что Он дал нам силы простить всех.

«О Господь, превративший ненависть в любовь!

О Господь, превративший обиду в прощение!

О, мой Господь, превративший несчастье в счастье!

Я приношу благодарность Тебе, Бог любви!»

События последних месяцев — уход жены, развод и воссоединение — были провидением Божьим, благодаря которому в нас взошли ростки любви и смирения.

3. Чтобы пройти свой путь

Как после бури наступает затишье, и все умиротворяется, так и в нашей семье все возвратилось на круги своя.

Жена попросила прощения у всех моих родных и начала новую жизнь. Все были счастливы, видя то, как она изменилась. Я уже простил ее и с надеждой смотрел в завтрашний день.

Мне казалось, что, получив любовь и силу от Господа, больше нечего страшиться в этом мире. Было только счастье от того, что ты проживешь в радости и мире, а после вознесешься в рай.

Что может быть прекраснее рая, где нет слез, печали, страданий и болезней, где ты будешь жить в любви Божьей!

Для меня, кто знал боль и страдания в болезни, кого презирали люди, кто познал печаль и испытал горечь обиды, рай был тем, во что не поверить я просто не мог и куда хотел бы попасть всей своей душой.

Я поклонялся всемогущему Господу, как Отцу своему, Господь же оберегал, направлял пути мои и дарил любовь. Я, как сын Божий, в предвкушении вечной жизни, доверил все дела свои Господу.

«Господи, отныне и навсегда Ты — Отец мой вечный. Я же — сын Твой. Обещаю быть достойным сыном Твоим. Отче, направляй меня, учи меня, заботься обо мне и помоги мне. Будь Отцом моим на земле, как и на небесах».

Возлюбивший Господа

Однажды я получил благодать, слушая проповедь.

«Любящих Меня Я люблю, и ищущие Меня найдут Меня» (Притчи 8:17).

Я понимал смысл этих слов, и всей душой хотел возлюбить Господа, и чтобы Он возлюбил меня. Я искал встречи с Ним.

С того момента моя жизнь стала меняться.

Я не пропускал ни одной службы — дневной, вечерней и других служб — и старался жить по слову Божьему.

Не все понимал я из того, о чем говорилось в

проповедях. Но самое главное: у меня не было духовного наставника, который бы помог мне в моих исканиях. Несмотря на это, я усердно читал и слушал слово Божье.

Наконец, я понял смысл слов, в которых говорится о том, что мы должны благодарить Господа за все испытания, что Он нам посылает.

«Благодарю ли я Бога за все, что Он мне посылает?» — задумался я.

Я благодарил Бога за все, но еще раз задумался над тем, действительно ли я благодарю Его за все.

«Боже, я благодарю Тебя за все, что ты мне даешь. Но был момент в моей жизни, когда я не был благодарен Тебе. Это было, когда я работал чернорабочим. Господи, помоги мне быть благодарным Тебе во всем», — так я беседовал с Господом и молился».

Господь помогал, направлял меня и давал мне силы и ум постигать законы Божьи.

В то время я продолжал работать чернорабочим. Мой организм еще никак не мог привыкнуть к нагрузке, которую он испытывал за целый день. Каждый раз, выходя на работу, у меня появлялось непреодолимое желание все бросить. И всякий раз я останавливал себя, говоря: «Ты победишь лишь терпением» — и снова продолжал работу. Через некоторое время я уже не так уставал. У меня появился аппетит, и я стал даже поправляться. В конце концов, у меня появилась уверенность в том, что мне не страшна никакая работа, потому что с каждым днем я становился все здоровее и здоровее.

Наступил момент, когда я понял, почему Господь сделал так, чтобы я прошел это испытание. И я снова преклонил свои колени перед мудростью и любовью Божьей.

«О, Господь! Благодарю Тебя.

Ты заставил работать меня здесь. Никому не было суждено постичь значения Твоей цели, но я постиг. Постиг я мудрый Твой план. Твою великую любовь».

Я был благодарен Богу за то, что Он послал мне эту работу для того, чтобы тело мое стало сильнее, так как я был еще слаб, хотя и исцелился.

Так слово Божье вело меня, чтобы я был достойным сыном Божьим.

Часто я не мог ночью заснуть. Каждую ночь я проводил в размышлениях над тем, что могу сделать полезного для людей, или представлял, как много прекрасного ждет меня впереди.

Дружная семья

Самым большим моим желанием было жить по слову Божьему и иметь дружную семью. Я молился, потому что знал, что Господь всемогущ и внемлет моей молитве.

«Господь, любящий и направляющий нас!

Благодарю Тебя за радость и новую жизнь, подаренные нашей семье.

Благодарю Тебя за веру, которая поддерживает нас.

Господи, я желаю, чтобы Ты укреплял мою Веру, пока я живу в этом мире.

Я желаю, чтобы Ты подарил мне драгоценную Надежду.

Я желаю, чтобы Ты подарил мне драгоценную

Любовь.

В моей жизни были одни страдания, пока я не познал Тебя.

Была одна печаль, потому что не было надежды.

Были раздоры, потому что не было любви.

Но теперь я возлюбил Господа.

Сделай так, чтобы моя любовь к жене становилась сильнее с каждым днем.

Сделай так, чтобы жена почитала мужа своего, любила детей своих.

Сделай так, чтобы семья наша становилась крепче и дружнее.

Сделай так, чтобы я был счастлив, ибо вера в Тебя будет освещать до конца мой путь.

Наполни мое сердце радостью, ибо у меня есть надежда.

Наполни мою душу покоем, ибо есть у меня любовь».

Я молился, чтобы тени прошлого не смогли больше помешать мне и моей семье.

И Бог внял моей молитве. В моей семье воцарился мир, поселились покой и благодарность Господу, любовь и благополучие. Мы стали одной из тех прекрасных семей, где не смолкают звуки хвалы Господу и молитвы.

Но в материальном отношении нам было все еще очень и очень тяжело. Лавка закрылась, а проценты от долгов росли с каждым днем.

При мысли, что я могу нанести кому-то вред, не выплатив проценты с долгов, я работал еще усерднее. Для меня было лучше голодать, чем допустить такое. Я брался за любую работу: доставлял уголь, носил кирпичи. Жена тоже не сидела, сложа руки: покупала соленые моллюски и морскую капусту в Инчхоне и перепродавала их в Сеуле. Мы не стыдились никакой работы, и каждую принимали, как радость, которую дарит нам Господь.

Восславивший Господа своего

У меня появилось еще одно желание. Как сын Божий, получивший благодать от Господа в дни испытания, я хотел восславить Господа, помогая бедным и несчастным людям.

Я верил, что любую мою молитву Господь благословит, и каждый раз молился за свою работу.

«Я верую в Тебя, Бога исцеляющего и благословляющего. До сего момента я ждал, когда Ты дашь мне хорошую работу. Господи, мне нужна работа, и я хотел бы получить ее быстрее. Я верю в то, что Ты дашь мне работу по силам, тем более Ты все видишь, Господь, как живет моя семья».

Я молился об этом, так как для того, чтобы служить Царству Божьему и исполнять обязанности главы семьи, Господь должен был благословить меня материально. Вскоре меня возвели в сан дьякона, и душа моя требовала все больше и больше работы.

Я знал, что Господь не оставит меня в моих трудностях, и поэтому не принимал помощи ни от кого. Я отказался от денег, которые предлагал мне брат для того, чтобы я начал какое-нибудь дело. Потому что после, когда я получу благословение, все будут говорить, что это помог мне не Господь, а брат. Мне предложили хорошую работу, но с двумя выходными в месяц. Я, не раздумывая, отказался, потому что не мог пропускать воскресные службы. Каким бы ни было заманчивым предложение на работу, я отказывался, если это шло вразрез со словом Божьим. Я верил, что получу благословение, только если мне откроет дорогу Господь, поэтому я работал и жил в ожидании лучшего.

Несущий Благую Весть

У меня было еще одно желание.

«Дорогой Господь! Исцеливший меня, дарящий здоровье и радость моей семье. Сохраняющий нас от болезней и несчастий. Я встретил Тебя через мое чудесное исцеление. Но как много еще людей, страдает от болезней! Я хочу поведать им, что Ты есть, Ты — живой».

Как только появлялась возможность, я передавал людям Благую Весть. Я рассказывал им о том, как я исцелился, как любит нас Господь, какую благодать можно получить, поверив в Иисуса Христа. На работе я благовествовал рабочим, дома — родным и соседям.

Многим могло показаться, что мы радуемся тому, чему радоваться невозможно, и благодарим за то, за что не благодарят. Вся моя семья жила в радости, и для нас не было большего счастья, чем идти в воскресный день в церковь.

В нашем доме не утихали псалмы. Всякий раз, когда дети начинали петь псалмы и танцевать, я любовался ими и думал, как радуется Господь, видя все это.

Моя семья так долго шла к этой жизни через страдания и лишения. И теперь, когда мы жили в вере и любви, нам были не нужны ни богатства, ни слава, потому что мы жили мечтой о небесном рае.

Мы с женой жили, благовествуя соседям и близким, а в воскресный день шли в церковь. В один прекрасный день я услышал, что мы с женой поем вместе один и тот же псалом.

«Мой Господь всегда со мною, можно ль большего желать?

Сомневаться не дерзаю: Он дает мне благодать.

Мир святой наполнил душу, дивный свет рассеял тьму,

Чтоб ни встретилось, я слышу: "Все ко благу твоему!"

Чтоб ни встретилось, я слышу: "Все ко благу твоему!"»

Часть четвертая

От опытности надежда

1. Грешник

В нашей жизни произошло нечто, о чем говорят, что на них сошла Божья благодать.

Шел ноябрь 1974 года. В церкви Сонгель, в которой мы служили, открылся семинар. Лекции читал пастор Пак Бенг Ок из церкви Кисонг. Тема лекции была: «Отдай все и стань нищим». Во время лекции, проходившей в понедельник, пастор сошел с кафедры, чтобы примирить меня с женой.

На следующий день была утренняя служба, но я из-за работы не мог на ней присутствовать. Нам передали, что нас искал пастор Пак.

— Этот семинар Бог приготовил для одной супружеской пары, поэтому я очень прошу тех, кто живет по соседству с ними, передать им мою просьбу присутствовать на всех лекциях.

И с вечера того дня мы не пропустили ни одной лекции. Мы слушали проповеди о том, как Господь сотворил этот мир и все, что его населяет, как Он послал Сына Своего единородного, Иисуса Христа, и отдал Его на распятие за грехи наши. И в наших сердцах любовь к

Господу возгорелась с еще большей силой.

И после этого Господь открыл мне, когда я был преисполнен Святым Духом, смысл Его божественного сотворения человека.

Веруя в Творца

Чтобы поверить в Иисуса Христа, прежде всего, мы должны признать, что грешны. Если мы не принимаем того факта, что мы грешники, этим мы не признаем того, что Иисус был распят за наши грехи. В Библии говорится: «Родит же Сына, и наречешь Ему имя: Иисус; ибо Он спасет людей Своих от грехов их» (Матфея 1:21).

Для того чтобы понять, что мы грешны, прежде всего, мы должны поверить, что Творцом всего живого и неживого на земле является Господь. Мы должны уверовать в то, что человек был создан Богом, и вся история человечества развивалась под Божьим руководством, а также вся жизнь наша и смерть решаются только Господом.

Первое, что вы прочтете, открыв Библию, будут слова: «В начале сотворил Бог небо и землю». Так оно и было, как написано в Библии. И сотворил Бог все живое и неживое: вечер, утро, моря, растения и деревья, солнце, луну, звезды, животных и человека.

Библия говорит, что «и создал Господь Бог человека из праха земного, и вдунул в лице его дыхание жизни, и стал человек душою живою». А еще она говорит, что «и сотворил Бог человека по образу Своему, по образу Божию сотворил его; мужчину и женщину сотворил их. И благословил их Бог, и сказал им Бог: плодитесь и размножайтесь, и наполняйте землю, и обладайте ею, и владычествуйте над рыбами морскими, и над птицами небесными, и над всяким животным, пресмыкающимся на земле».

Это и есть теория божественного происхождения мира, в основе которой лежит идея сотворения мира Богом. В противовес ей существует эволюционная теория Дарвина.

Согласно второй теории, жизнь на земле родилась случайно и эволюционировала в течение многих миллионов лет, в результате чего произошли виды всего живого на земле.

Таким образом, жизнь человека, основанная на теории божественного сотворения, и жизнь человека, основанная на эволюционной теории — резко отличаются друг от друга. Тот, кто верит в эволюционное развитие всех живых организмов, является гуманистом, ест и пьет то, что пожелает, все его надежды и желания связаны с этим миром. Человек же, верующий в божественное происхождение мира, живет по законам Бога Творца, и все его надежды связаны с раем.

Чему же нам верить? Какую теорию нам избрать?

Приведу простой пример. До того как будет построено какое-либо здание, проектировщик выражает в проекте замысел архитектора. После этого, согласно проекту, возводится здание. То есть здание не может быть построено само собой, случайно. То же относится к телевизору или радио.

Разве случайно все во Вселенной? Разве случайно

появились звезды и галактики? Разве случайно то, что планеты солнечной системы движутся в строго установленном порядке, без единой погрешности? И мы должны верить в то, что это все было сотворено Господом Богом.

Как был сотворен человек?

Бог создал человека по Своему образу и подобию из праха земного. Господь создавал его с любовью, как гончар лепит вазу, и вдохнул в человека жизнь.

И человек стал живою душою во плоти и крови, и мог двигаться и думать. Это все равно, что мы подключаем собранный собственными руками телевизор к сети и можем смотреть и слушать разные передачи. Если человек способен изобретать такие механизмы, разве всемогущий Бог не может создать живого человека, говорящего и думающего!

Бог создал первого человека на земле — Адама, и учил его жить в гармонии с окружающим миром, учил законам духовного мира и истине.

«Плодитесь и размножайтесь, и наполняйте землю».

«Обладайте ею, и владычествуйте над рыбами морскими и над птицами небесными, и над всяким животным, пресмыкающимся по земле».

«От всякого дерева в саду ты будешь есть; а от дерева познания добра и зла, не ешь от него; ибо в день, в который ты вкусишь от него, смертию умрешь. Оставит человек отца своего и мать свою, и прилепится к жене своей; и будут одна плоть».

Так Господь учил Адама, кто он и как должен

жить венец творения Божьего, и вел его по пути благословенному.

Зачем Бог создал человека?

До того, как Бог создал Вселенную, Он находился в окружении многочисленных ангелов, но, несмотря на это, Он все-таки сотворил человека. Сначала человек повиновался Господу, но потом он стал непокорным, и это узнал Бог всезнающий. Так все-таки, зачем же Бог создал человека?

Мы знаем, что для того, чтобы ребенок появился на свет, его девять месяцев носит под сердцем мать. Мы знаем, что на воспитание ребенка затрачивается очень много сил и труда, и все равно рожаем и растим детей. Это потому, что в нас живет потребность отдавать и получать любовь.

Так и Господь нуждался в детях, которых бы Он любил, и которые любили бы Его. Многочисленные же ангелы, окружавшие Господа, были покорны Ему во всем и походили на современных роботов, существ без собственной воли. Но Господь желал отдавать и получать любовь от человека свободного в своих желаниях и мыслях.

Для того чтобы воспитать детей, живущих в истине, Господь построил план длиною в шесть тысяч лет. Эта история подробно описана в Библии и начинается с того момента, как Господь изгнал Адама и Еву из райского сада.

Почему Адам и Ева восстали против Господа?

Господь научил Адама и Еву только добру. Адам жил много лет в райском саду, общаясь с Богом и пребывая в мире и согласии с животными сада. Вы даже не можете представить, как долго Адам наслаждался счастливой жизнью в Эдеме.

Пока Адам общался с Богом и жил в Эдеме, сатана раздумывал над тем, как совратить Адама и Еву, чтобы они предали Господа. И для того, чтобы искусить их, он посылает самое коварное животное — змея.

Змей прекрасно знал план Господа, но, как животное коварное и хитрое, он поддался уговорам сатаны.

И змей сказал Еве:

— Подлинно ли сказал Бог: не ешьте ни от какого дерева в раю?

На что Ева ответила:

— Плоды с дерев мы можем есть, только плодов дерева, которое среди рая, сказал Бог, не ешьте их и не прикасайтесь к ним, чтобы вам не умереть.

И исказила слова Божьи Ева сказав, что не «смертию умрет», а «чтобы вам не умереть». И это придало смелости сатане, и он подверг сомнениям слово Бога.

— Нет, не умрете; но знает Бог, что в день, в который вы вкусите их, откроются глаза ваши, и вы будете, как боги, знающие добро и зло.

В конце концов, Ева так и не смогла защититься от сатаны словом Божьим. И дьявол поселил в душе ее мирскую жадность и любопытство. Так в человеке появились желания плоти, жадность и высокомерие.

И «увидела жена, что дерево хорошо для пищи, и что

оно приятно для глаз и вожделенно, потому что дает знание; и взяла плодов его, и ела; и дала также мужу своему, и он ел» (Бытие 3:6).

С этого момента начинается трагедия всего человечества. Господь дал нам, людям властвовать над всем на этой земле, но запретил вкушать плода от дерева познания добра и зла, выражая этим Свою Господнюю волю, и завещал нам почитать Его Богом Своим. Но человек ослушался и пал в грехе своем.

И спросил у Адама Бог справедливый:

— Не ел ли ты от дерева, с которого Я запретил тебе есть?

Предупреждал Господь Адама и Еву, что «в день, в который ты вкусишь от него, смертию умрешь». И изгнал из сада Эдемского Господь Адама и Еву, дабы не могли они жить жизнью вечною, и «поставил на востоке у сада Эдемского херувима и пламенный меч обращающийся, чтобы охранять путь к дереву жизни». Вот так были сосланы из мира духовного те, в которых умер дух.

Кроме того, Господь наказал их, послав им страдания. Женщине «умножил скорбь ее в беременности ее» и сделал «болезненным» рождение детей, «умножил и к мужу влечение» и «господство» его над ней. Мужчине же было суждено возделывать в мучениях землю, которую Господь проклял и сказал, что «терние и волчцы произрастит она тебе», и питаться от нее. Господь сказал Адаму, что «в поте лица твоего будешь есть хлеб, доколе не возвратишься в землю».

Змея же Господь проклял перед всеми животными и наказал ему «ходить на чреве» своем и «есть прах» все дни своей жизни. А между потомками Евы и змея посеял вражду, говоря, что «оно будет поражать тебя в голову, а ты будешь жалить его в пяту». Слово Божье: «прах земной» — означает человека, который и был сотворен из него. Иначе говоря, то, что змей будет «есть прах» означает то, что человеку суждено испытывать на себе власть враждебной дьявольской силы.

Так неповиновение Адама повлекло за собой то, за что расплачивается человечество до сих пор. Проклят был Адам, венец творения Бога, и проклята была земля, которой он владел, прокляты были все потомки рода человеческого и стали грешны. А возмездие за грех — смерть, и жизнь вечная в аду (Римлянам 3:23, 6:23).

Кроме того, из-за грехопадения Адама и Евы вся власть перешла в руки дьявола (Луки 4:6), и этот мир наполнился страданиями, печалью, болезнями, кровопролитиями и злом.

Как получить спасение?

Но Господь предвидел падение Адама и не мог просто так наблюдать за тем, что сатана отобрал у Него детей Его. Он приготовил нам путь спасения. И этот путь есть Иисус Христос.

«Ибо так возлюбил Бог мир, что отдал Сына Своего единородного, дабы всякий, верующий в Него, не погиб, но имел жизнь вечную» (Иоанна 3:16).

«А тем, кто приняли Его, верующим во имя Его, дал власть быть чадами Божиими» (Иоанна 1:12).

Мы были приговорены к смерти, поэтому Господь две тысячи лет назад послал на эту землю Сына Своего, чтобы Он искупил грехи человечества, умерев на кресте.

Мы получили возможность достичь вечной жизни. И поэтому, если мы уверуем в распятого на кресте и чудесно воскресшего Иисуса Христа, то получим отпущение всякого нашего греха и станем вечными и любимыми чадами Божьими.

Разве не удивительны дела Божьи! Господь Бог подарил нам великую любовь. Аллилуйя!

Признать свой грех и переродиться в чадо Божье

Господь отдавал нам столько любви, а мы не могли даже взять ее. Он отдал в наши руки все сущее на земле, чтобы мы владычествовали!

«Дорогой Бог Отец! Мы все были грешниками, не признавая Тебя и не принимая Твою любовь. Благодарю Тебя за то, что Ты послал Сына Своего единородного, чтобы омыть кровью Его наши грехи. Я благодарю Тебя за чудесное исцеление моей плоти и за благодать, которой Ты меня одарил».

Я не заметил, как потекли слезы.

«Если бы не милость Твоя, я бы до сих пор жил в страданиях и в грехе и шел дорогой смерти!

Я получил столько Божеской любви, сколько не получал никто другой. Я склоняю голову перед любовью Отца нашего. Он отдает Свою любовь не за заслуги и не взамен чего-либо, но потому, что любит нас безмерно».

Господь исцелил меня до того, как я уверовал в

Христа. Почему же мне была дана такая милость? Я долго не знал причины, но сейчас понял. Я понял это, потому что познал любовь Господа.

Всемогущий Господь Бог знал, что я буду всегда благодарен Ему и никогда не оставлю Его. А еще Господь внял молитве моей сестры, которая никогда не переставала надеяться на мое исцеление.

И я ходил в церковь, чтобы отдавать свою любовь и благодарность Господу. Жил по слову Божьему и желал стать человеком благословенным.

«Дорогой Бог Любви! Отец!

Я благодарю Тебя за то, что Ты исцелил меня, открыл мне дорогу к спасению и вечной жизни.

Благодарю Тебя за то, что Ты оторвал меня от жизни греховной и переродил меня в чадо Свое.

Да обновится все во мне и стану я истинным чадом Божьим».

2. Крест

Если сосчитать, сколько милости получил я от Господа, то может получиться, что я установил мировой рекорд: в одночасье вся моя семья приняла веру, через четыре месяца после ухода ко мне вернулась смиренной жена, и мы зажили дружно и счастливо, через семь лет болезней я был исцелен и уверовал в Господа. Каждый раз, думая об этом, я прославлял Господа, дающего надежду через испытания.

Став чадом Божьим

Я покаялся в грехах своих и жил, как и завещал Господь, истинным чадом Его.

«Что же я должен делать, чтобы жить по слову Божьему?»

Это были мои цель и задачи. Я посещал все христианские собрания, читал Библию и каждый раз испытывал на себе милость Господа. Я стал выучивать наизусть каждое слово из Библии, вчитывался в каждую букву и начал избавляться от грехов своих. Мне хотелось реализовывать в жизни каждое слово, которое я слышал или читал. Если же я не мог делать этого, это удручало меня и приносило страдания. Если не получалось все сразу, я соблюдал пост и получал помощь Господа.

Я просил пастора объяснять мне непонятные строки из Библии. Он посоветовал мне приобрести справочник к Библии, но и это не удовлетворяло моего любопытства. Я жаждал познать истину, поэтому хотел понимать каждое слово в Библии.

Тогда я начал посещать молитвенные дома.

«Господь, я хочу познать Твое слово до конца. Ни объяснения пастора, ни справочник не могут ответить на мои вопросы. В некоторых книгах даже строки написаны по-разному. Я верю, что познаю слово в обьяснении Святого Духа. Одному человеку Слово три года разъяснял ангел, сошедший с небес. Господи, я тоже жажду познать Слово Твое. Верую, что не оставишь меня в моем незнании», — неустанно молился я, соблюдая посты и ночные моления.

Однажды я молился и воодушевленно распевал хвалы.

Даже если ушел ты за горы крутые и страшные,
Если в свете идешь ты,
То Бог сохранит тебя.
Ибо обещал Он сие тебе.
Слава небес, слава небес
Переполняет сердце мое.
Пою Тебе я, аллилуйя,
Вечная слава Господу!

Моей мечтой было стать тем, кто пребывает в свете. Так что же такое свет? Как стать тем, кто ходит в свете?

И я вспомнил стихи из Библии.

«В начале было Слово, и Слово было у Бога, и Слово было Бог. Оно было в начале у Бога. Все чрез Него начало быть, и без Него ничто не начало быть. В Нем была жизнь, и жизнь была свет человеков; И свет во тьме светит, и тьма не объяла его. Был человек, посланный от Бога; имя ему Иоанн. Он пришел для свидетельства, чтобы свидетельствовать о Свете, дабы все уверовали чрез него. Он не был свет, но был послан, чтобы свидетельствовать о Свете. Был Свет истинный, Который просвещает всякого человека, приходящего в мир. В мире был, и мир чрез Него начал быть, и мир Его не познал. Пришел к своим, и свои Его не приняли. А тем, которые приняли Его, верующим во имя Его, дал власть быть чадами Божьими, которые не от крови, ни от хотения плоти, ни от хотения мужа, но от Бога родились. И Слово стало плотию и обитало с нами, полное благодати и истины; и мы видели славу Его, славу как единородного от Отца» (Иоанна 1:1-14).

И Господь дал мне постичь, зачем Иисус пришел на эту землю.

Зачем пришел Иисус?

По законом духовного мира Адам и Ева после грехопадения стали детьми дьявола. И для того, чтобы вернуться к Отцу, они должны были освободиться от греха. Так как весь род человеческий грешен, Бог не мог просто так освободить людей от греха. И Господь является на землю во плоти, чтобы освободить всех нас из-под власти греха. Иисус был зачат Святым Духом, и поэтому был человеком чистым, безгрешным. Он был Сыном Божьим, поэтому Он мог победить дьявола. Иисус так возлюбил людей, что умер в искупление их грехов. И придя на землю, Он исцелял страдающих болезнями, прощал преступников за совершенное ими зло, изгонял духов нечистых из людей и дарил им свободу, мир, радость и любовь.

Но дьявол сделал все для того, чтобы безгрешный Иисус Христос был распят и умер. На этот свет явился потомок Евы, чтобы возвестить о том, что Он пришел лишить дьявола власти, и, чтобы не потерять ее, дьявол убивает Царя Царей. И возрадовался сатана тому, что победил.

Любовь Божья

«Но проповедуем премудрость Божию, тайную, сокровенную, которую предназначил Бог прежде веков к славе нашей, которой никто из властей века сего не познал; ибо, если бы познали, то не распяли бы Господа славы» (1 Коринфянам 2:7,8).

Сатана не мог знать великого замысла Божьего, поэтому считал, что одержал победу. Но получилось, что сатана нарушил закон духовного мира — убил безгрешного Иисуса.

Иисус был зачат Святым Духом, потому не был потомком Адама, и потому не имел первородного греха, соблюдал десять заповедей и в земной жизни вообще не имел грехов. Не должен был Он погибнуть, но римский наместник Понтий Пилат нарушил закон Божий и распял Христа на кресте.

Так дьявол, нарушив закон духовного мира, потерял власть. Благодаря Иисусу, умершему на кресте из-за любви к людям, тот, кто верит в Христа, смог вернуться в объятия Отца, вырвавшись из когтей дьявола.

Только именем Иисуса Христа возможно получить спасение.

По замыслу Божьему Иисус пришел на землю во плоти, был зачат Святым Духом и рожден Пресвятой Девой Марией. Он соблюдал заповеди и отдал Себя на распятие во имя любви к людям.

«Господи, я постиг ту истину, которая гласит о том, что Иисус пришел, чтобы открыть нам путь к Тебе, обратив нас в чада Божьи из детей дьявольских. Познал я смысл Твоей мудрости, тайны и любви. Благодарю Тебя за озарение, пришедшее ко мне».

Крест

«Господи, дай мне понять, для чего Христос умер на кресте из древа и для чего перенес столько страданий? Дай мне постичь смысл всего».

«Христос искупил нас от клятвы закона, сделавшись за нас клятвою, — ибо написано: "проклят всяк, висящий на древе", — дабы благословение Авраамово чрез Христа Иисуса распространилось на язычников, чтобы нам получить обещанного Духа верою» (Галатам 3: 13,14).

И я постиг, что Христос искупил наши грехи, умерев распятым на деревянном кресте, и позволил нам испытать радость веры, здоровья, долголетия, материальных благ, преисполнил нас Святым Духом, чтобы мы могли жить так, как должны жить дети Божьи.

Когда Иисуса распяли на кресте и пронзили копьем в ребро, то пролилась кровь. Это — доказательство того, что Господь пришел к нам во плоти (Иоанн 1:14). Это доказывает нам то, что и мы, такая же плоть, как и Он, и можем быть такими же, как Он. В Библии говорится, что «ибо в вас должны быть те же чувствования, какие и во Христе Иисусе (Филиппийцам 2:5).

Иисус пролил кровь, когда Его бичевали кнутом. Почему Господь позволил случиться этому?

«И ранами Его мы исцелились» (Исаия 53:5).

Злые люди надели Иисусу на голову терновый венец, после чего Он был подвергнут избиению. «Он изъязвлен был за грехи наши и мучим за беззакония наши» (Исаия 53:5). Ему вбили гвозди в руки и ноги. Он был изъязвлен за беззакония, которые мы творили собственными руками (Исаия 53:5). Потому говорил Он нам: «Если правая твоя рука соблазняет тебя, отсеки ее и брось от себя; ибо лучше для тебя, чтобы погиб один из членов твоих, а не все тело твое было ввержено в геенну» (Матфея 5:30).

Так Иисус был мучим и распят на кресте за все наши грехи. Он искупил наши прошлые, настоящие и будущие грехи. Велика Любовь Его к нам!

Ходить во свете...

«Дорогой Бог Отец! Ты сказал нам, что, поверив в Крест Иисуса, мы получим отпущение всех грехов и вечную жизнь. Но почему же Ты еще сказал, что тот, кто не ест тело Сына Человеческого и не пьет крови Его, в том нет жизни?»

То, что мы поверили в Иисуса Христа, не значит, что мы перестали совершать грехи. «...Я есмь путь и истина и жизнь...» (Иоанна 14:6) — сказал Иисус. Потому, если едим мы Тело Иисуса, то есть «едим» истину, и пьем Кровь Его, то есть действуем по истине, то мы избавляемся от грехов. «Если же ходим во свете........Кровь Иисуса Христа, Сына Его, очищает нас от всякого греха» (1 Иоанна 1:6,7).

Мы должны измениться и поступать так, как говорится в Библии: «Итак покайтесь и обратитесь, чтобы загладились грехи ваши» (Деяния 3:19).

С того дня моя жизнь начала меняться. Я весь погрузился в изучение и чтение Библии, молился, когда обнаруживал у себя какой-либо порок, соблюдал пост и проводил ночные моления.

И Бог, увидев старания мои, дал мне силы жить по истине. Я каждый день жил в радости, наблюдая за тем, как меняется моя жизнь.

«О Крест Христа, моя любовь,
Ты полон Божьей милости и мудрости.
О Крест Христа.

О Крест Христа, ты моя жизнь,
Ты крест любви и страданий Христовых,
О Крест Христа.

О Крест Христа, ты моя радость,
Ты тайный крест, поглотивший злодеяния мои
И беззакония мои, о Божий Крест!»

3. Бог живой

«Не всякий, говорящий Мне "Господи! Господи!" войдет в Царство Небесное, но исполняющий волю Отца Моего Небесного» (Матфея 7:21).

«Блажен читающий и слушающий слова пророчества сего и соблюдающие написанное в нем; ибо время близко» (Откровение 1:3).

Я стал тем, кто читает и слушает слово Божье, говорит "Господи! Господи!" и молится. Я открыл свои глаза и увидел великую Любовь Господа.

Я постиг то, что, уверовав в Иисуса Христа, смогу получить спасение и надежду войти в Царство Небесное. Я познал, что велика Любовь Его, и невозможно измерить ее никакой мерой.

Я стал тем, кто принял и верует в имя Его, получил власть быть чадом Божьим, «не от крови, ни от хотения плоти, ни от хотения мужа, но от Бога» родившимся (Иоанна 1:12,13).

Бог живой не оставил меня сиротой на этой земле и не мог я грешить, «потому что рожден от Бога» (1 Иоанна 3:9), и «лукавый не прикасается» ко мне (1 Иоанна 5:18).

Господь хранит меня от опасности

Уверовав в Иисуса Христа, я стал пребывать в Его власти. Господь направил меня на тяжелые работы. Я ни разу не работал на черных работах, поэтому думал, что не справлюсь с ними, но это была единственная работа, которая позволяла мне посещать воскресные богослужения, и поэтому я согласился.

Работа была намного тяжелее, чем представлялась. Я не успевал выполнять и половины того, что делали другие. Но я не отчаивался, набирался терпения и снова работал.

Это случилось спустя два месяца после того, как я начал ходить в церковь.

Никто не учил меня, как правильно молиться, поэтому все, что я знал, были «Отче наш» и Апостольский символ веры. Как-то утром мне захотелось помолиться.

Я прочитал «Отче наш» и вышел на работу.

Был послеобеденный час. Я собирался перенести несколько труб, водрузил их на плечо и хотел было подняться, но вдруг что-то тяжелое ударило меня по голове. Я растянулся на земле. Оказывается, я и не заметил, как меня сбил автомобиль. Когда я очнулся, вокруг меня собрался народ. Я, как ни в чем не бывало, поднялся и стал отряхиваться.

Автомобиль принадлежал какому-то высокопоставленному чиновнику из мэрии. Водитель сбившего меня автомобиля, покрасневший и растерянный, запинаясь, спрашивал у меня:

— Как вы себя чувствуете? Поедемте быстрее в больницу.

— Да, нет, что вы. У меня ничего не болит.

Но водитель, не веря моим словам, продолжал беспокоиться:

— У вас действительно ничего не болит? Как это ничего не болит?

Он не верил своим глазам.

Коллеги по работе недоуменно посмотрели на меня и даже раздели, чтобы своими глазами убедиться, что ссадин и синяков нет.

— Ты не отказывайся. Иди и снимок рентгеновский сделай. Все-таки позвоночник. А если что не так? Что тогда будешь делать? — советовали они мне.

— Нет, что вы. Меня Бог хранит.

Мне было совсем не больно. В месте, куда меня стукнул автомобиль, был небольшой отек и больше ничего. Это было чудо!

— Ну, раз так. Сегодня иди домой пораньше. Отдохни, — разрешил мне бригадир.

Но я не хотел и слушать его. Я закончил работу и пошел домой. Дома у меня заломило все тело. На следующий день на работу я не вышел. Я вспомнил слова моих друзей, предупреждавших меня, что могут быть последствия.

Водитель, узнав, что я не выхожу на работу, пришел ко мне домой.

Увидев, что состояние мое удовлетворительное, начал жаловаться на свою судьбу и просить, чтобы компенсация была не такой большой, иначе он якобы не сможет выплатить.

— Мне не нужна компенсация, — успокоил я его.

Он долго благодарил меня и, уходя, оставил конверт. В конверте было всего 2500 вон. Как все-таки лицемерны люди!

И я опять сорвался...

После той работы я перешел работать на стройку. Так как никаких навыков работы у меня не было, меня заставляли выполнять работу, не требующую профессиональных навыков. Я должен был заносить на второй этаж корзину с песком. Каждый раз, поднимаясь на второй этаж по лестнице без перил и неся на спине груз, испытывал дрожь в ногах. Я не успевал за другими, которые в мгновение ока взлетали наверх. Стиснув зубы, я продолжал работу, но после обеда выбивался из сил. «Ты выдержишь. Ты победишь», — повторял я, как заклинание.

«Умри, но не сдавайся», — приказал я себе. Мне поручили другую, более легкую работу: пересыпать цемент из мешков, устанавливать деревянные конструкции и т.д. Мне было тяжело, но я выдержал.

Господь, дав мне эту работу, научил меня выдержке и

терпению и еще раз показал Свою мудрость.

Как-то я работал в районе Вокохил на строительных работах. Погрузив на железную тележку жидкий цемент из бетономешалки, я катил ее по неровной поверхности строительной площадки к яме, куда и опрокидывал содержимое тележки. У других все получалось, и тележка по дороге не переворачивалась, а цемент попадал прямо в яму. А мне каждый раз, когда я опрокидывал тележку в яму, казалось, что я упаду туда вместе с ней и утону в жиже цемента.

По мегафону объявили, что нам предстоит ночная работа. Услышав это, я весь ослаб. Я не мог подвинуть ни рукой, ни ногой, будто они налились свинцом. Обычно, люди, работающие на таких работах, перед тяжелым рабочим днем пьют для поднятия тонуса. Я, немного поколебавшись, все-таки решил выпить, чтобы закончить работу. Начав ходить на христианские собрания, я перестал пить, но в тот день решил, что немного огненного питья позволить можно. Я выпил совсем немного — эффект был положительным.

Работы закончились, и я ехал домой на автобусе. Я весь покраснел, и меня затошнило. Не доехав до дома, я попросил водителя остановить автобус и вышел, чтобы проветриться, но мне по-прежнему было плохо.

Я понял, что это Господь дает мне знать, что нельзя отравлять свою плоть. И я раскаялся, что не выдержал и выпил. Так плелся я домой, погруженный в думы.

«Надолго ли меня хватит? Нет. Я верю, что наступит благословенное время. Господь сказал, что будет счастлив тот, кто терпелив и вынослив», — приободрил я себя. Больше я не пил и старался терпеливо выносить все испытания, что посылает мне Господь.

Никогда не буду пить

Спустя несколько месяцев я уже работал на строительстве двухэтажного дома в районе Уидонг. Я должен был вырыть яму. Работая без отдыха, я очень быстро утомился. В дни, когда я молился и был преисполнен благодатью, мог справиться с любой работой, но были дни, когда я не успевал помолиться, и в эти дни мне было очень тяжело.

Мои друзья по работе, зная, что мне нелегко, не переставали мне советовать выпить. Я отмахивался, но они назойливо продолжали уговаривать, и, чтобы закончить работу и не обессилеть, я выпил.

Я снова приступил к рытью ямы, и вдруг кирка, которой я работал, как резиновый мяч, отскочила от земли, когда я с силой опустил ее. Острый конец больно кольнул меня по лбу. Я понял, что это было мне в наказание за то, что выпил. И я, придерживая рукой кровоточащую рану, стал молиться:

«Господи, прости меня! Я больше никогда не буду пить».

Вскоре кровь остановилась. Я отказался идти в больницу и, после короткого отдыха, завершил работу.

«Ибо Господь кого любит, того наказывает; бьет же всякого сына, которого принимает» (Евреям 12:6).

Жадность к деньгам

Жене удалось найти работу в косметической фирме.

Она продавала товар, ходя по домам и предлагая его возможным покупателям. Ей поручили работать в богатом районе. Финансовое положение нашей семьи более или менее улучшилось, и в нас появилась жадность к деньгам.

На мою зарплату мы жили, а все, что зарабатывала жена, копили. На эти деньги мы мечтали открыть питейное заведение. Мы не переставали молиться и работать.

Мы были уверены, что у нас все получится, тем более, что у жены был опыт работы в лавке, на рынке. Мы собирались открыть бар, где можно будет перекусить и выпить. Мы также надеялись на помощь моей старшей сестры, у которой был свой японский ресторан и трехэтажное здание.

Но Господь дал нам, жаждущим материального богатства, понять, что мы идем по неправильному пути. Не могло Господу понравиться то, чем мы хотели заняться.

Однажды мне приснился сон, где большая свинья опоросилась. В народе говорят, что если во сне увидишь свинью, то тебя ждет большое счастье, и мне захотелось купить популярные в то время лотерейные билеты.

— Дорогая! Пойдем-ка да купим лотерейные билеты. Если мы купим их с молитвой, то обязательно выиграем. Тогда мы сможем расплатиться с долгами и пожертвовать много денег церкви.

Мы купили билеты и молились неделю, чтобы билеты оказались счастливыми. Мы верили, что обязательно выиграем, но ничего не получилось. Тогда Господь показал мне, что я неправильно мыслил и действовал.

Я перестал играть в карты

В дни, когда работы не было, я по привычке играл в карты. Это у меня получалось хорошо: за семь лет болезни я научился неплохо играть.

Но в последнее время со мной происходило что-то странное: как только я садился играть, то начинал проигрывать деньги. И чтобы вернуть проигравшее, мне приходилось играть всю ночь напролет.

Как-то я поехал на работы в Пучхон. Люди, работавшие вместе со мной, в день зарплаты сели играть в карты. Мне пришлось принять участие в этой игре. Сначала я выигрывал, и мои карманы доверха заполнились пачками денег. Выйти из игры, выиграв много денег, я не мог, поэтому мне пришлось отыгрываться всю ночь. К утру я проиграл и то, что выиграл, и то, что заработал. Мне было стыдно идти домой, и я стал молиться.

«Господь, я хотел выиграть деньги и принести это Тебе в жертву, но все проиграл. Помоги мне выиграть в этот раз».

Я занял деньги, чтобы продолжить игру, и снова проиграл.

В районе, где жили одни рабочие, играть в карты было обычным делом. Как-то у меня в доме собрались все те, кто до этого времени ничего не выиграл, играя в карты. Но к хозяину дома, где мы жили, вдруг с визитом пришел дьякон. Мне не хотелось идти на службу, так как в тот момент для меня было важнее вернуть проигранное.

— Скажи, что меня нет, — сказал я жене, продолжая

играть в карты.

Дьякон ушел. Из соседнего дома до меня доносились звуки псалмов, отчего мне стало почему-то беспокойно на душе и стыдно за ложь, что заставил жену сказать.

«Как я мог? Я же раньше так любил, когда к нам приходил дьякон».

Я долго мучился, но у меня никак не получалось раскаяться. Наконец, меня как будто прорвало.

«Господи! Прости меня! Я никогда не возьму в руки карты. Обещаю Тебе».

После этого к картам я никогда не притрагивался. Это решение я принял, когда моя вера только зарождалась во мне. Впоследствии я не садился играть, даже если кто-то предлагал мне сыграть просто так. Все свои силы я отдавал на служение Господу и на молитвы.

Молитва

С тех пор в каждую свободную минуту я бежал на христианские собрания и старался молиться в молитвенном доме, потому что именно там, в молитвах, я находил ответы на свои вопросы. Я мечтал жить по слову Божьему, помогать больным и страждущим и благовествовать.

Это было в 1975 году, когда я, поднявшись на вершину горы Чхильбо, возносил свою молитву Господу. Я не любил людные места и поэтому специально поднялся на гору, чтобы полностью отдаться общению с Богом. И я услышал голос Господа моего.

— Открой святое благовествование от Луки, 22 главу, 44 стих, — громогласно приказал мне Господь.

Изумленный, я быстро раскрыл Библию на нужной странице.

«И находясь в борении, прилежнее молился; и был пот Его, как капли крови, падающие на землю».

Что же хотел Господь передать мне через Слово это? Я начал молиться, чтобы постигнуть смысл этих слов.

На израильской земле, где близость с пустыней создает резкие колебания температуры, даже летней ночью температура может опускаться до нуля. Но Иисус так горячо молился, что «был пот Его, как капли крови, падающие на землю». Если бы молитва Его была не такой отчаянной, могло бы это произойти?

Так Господь открыл мне, что молитва моя должна быть такой же искренней и пламенной, как молитва Иисуса Христа, и только такой молитве Господь может ответить. Позднее я, прочитывая Библию, обнаружил и в Ветхом и в Новом Завете подтверждение тому, что многие верующие получали ответ от Господа только на молитву, которая не говорилась, но кричалась. После этого я старался, чтобы молитва моя была такой же, какой хотел услышать ее Господь.

Так, следуя приказу Божьему, и увидел я плоды веры своей и молитвы, преисполнился Святым Духом, и получил благословение небес и силы жить по слову Божьему.

И исполнились все желания...

Все свои силы, время и старания я посвящал воплощению слова Божьего в жизни. Мой друг и одновременно бригадир по работе перехал в район

Чхонодонг, так как его дом должны были снести. Вскоре снесли и мой дом. Нас в буквальном смысле выбросили на улицу: хозяин не вернул нам залоговые деньги за аренду дома. Я был в отчаянии. Как верующий в Бога человек из-за денег мог пойти на такую подлость! Мне пришлось занять денег и снова снять маленькую комнатушку.

И тогда Господь дал мне новое дело.

Мы переехали в дом, где было пустое помещение под магазинчик. Недолго думая, мы с женой решили открыть там книжный магазин. Через четыре месяца после его открытия, мы, набравшись немного опыта, открыли еще один магазин, но уже у дороги. Дохода практически никакого не было, потому что приходилось постоянно закупать книги и отдавать деньги на арендную плату. Мы отдали магазин и получили за место премиальные, но сумма была такой мизерной, что о какой-либо прибыли не было и речи.

Мы решили, что нам остается только молиться, потому что только Господь мог помочь в нашем положении. Целую неделю мы провели в ночных молениях.

«Господи, да славится Имя Твое за деяния Твои. Боже, помоги нам продолжить дело, что мы начали, не оставь и направь нас».

У нас не было суммы, необходимой для аренды нового помещения, но мы молились и знали, что Господь ответит нам.

И через неделю Господь действительно ответил на наши молитвы. Случайно мой хороший друг подсказал нам, что недорого сдается хорошее помещение под магазин. Я знал, что это Господь послал нам его и, не раздумывая, заключил контракт на восемьсот тысяч вон. Теперь мне необходимо было собрать эту сумму, и я пошел в церковь к дьякону просить взаймы денег. Там мне вежливо отказали. Я подумал, что Господь не хочет, чтобы я там работал, и пошел к владельцу помещения, чтобы расторгнуть контракт. Он выслушал мои объяснения и, неожиданно для меня, предложил свою помощь: вызвался занять мне необходимую сумму.

Радости моей не было предела. Я понял, что это Господь подготовил пути мои и послал мне в помощь человека неверующего, и благодарил Его за любовь и замысел Его прекрасный.

Дела в нашем магазине шли как нельзя лучше. Мы уже хотели расширяться. Вскоре нам предложили выгодно продать наш магазин, и мы согласились, так как знали, что и это было частью замысла Божьего. Я начал поиски нового места под магазин. Я давно мечтал о месте перед школой. Но нам грубо отказали в одном книжном магазине, находившемся прямо перед воротами школы, сказав, что не собираются продавать магазин бывшим конкурентам, и что их магазин во время работы нашего магазина потерпел много убытков. Нам ничего не оставалось, как снять помещение недалеко от рынка Кымходонг.

Господь знал, что вскоре на улице, на которой я мечтал открыть свой магазин, должен появиться большой книжный магазин, что плачевно отразилось бы на моей будущей лавке, и поэтому сделал так, чтобы я не смог там снять помещение.

Вскоре получилось так, что торговля в нашем

магазине шла даже лучше, чем в соседних книжных лавках. У нас появились постоянные клиенты, некоторые из них даже были клиентами других лавок.

Наступили времена, когда с раннего утра и до позднего вечера магазин был полон людьми. Не хватало сидячих мест в читальне, и люди стояли. Мне даже приходилось выходить на улицу, уступив свое место какому-нибудь покупателю, чтобы ему можно было присесть почитать.

В воскресенье мы не работали. В читальню мы не пускали выпивших и курящих, что противоречило всем правилам этикета по отношению к клиенту. Но, несмотря на это, наш бизнес процветал. Видя это, никто бы не посмел отрицать здесь того, что сам Господь помогает нам.

Мы расплатились с большей частью долгов и могли больше сил и стараний отдавать служению Господу. В душе нашей была лишь благодарность и желание восславить Господа за все, что Он нам дал.

В то время мы с женой днем работали, а ночью ходили на ночные моления. Наши сердца переполняли счастье и благодарность за благословение Божие.

Раб Божий, избранный от начала века

В мае 1978 года во время одной молитвы я снова услышал голос Господа.

— Раб мой, избранный от начала века! Я испытывал тебя три года, теперь три года ты должен готовить пути для слова Божьего. Ты любил Меня больше родителей, братьев, жены и детей твоих. Потому оставь дело свое жене своей и иди дорогой Моей, — светлый голос будто бы обнял меня, и я продолжал слушать. — Мысли Мои не похожи на мысли человеческие, потому получишь ты больше, чем получаешь с женой от работы вашей. Мерою доброю, утрясенною, нагнетенною отсыплю вам в лоно ваше. Если покорным будешь Мне, то не кончится хлеб в житнице твоей, и не иссякнет монета в мошне твоей. Через три года вооружишься ты Словом и отправишься за горы, реки и моря, чтобы увидеть знамения и чудеса.

Я был в растерянности. Даже в самых дерзких своих мечтаниях я не представлял, что Господь назовет меня рабом Божьим и поручит мне исполнять миссию. Я знал, что означали эти слова, поэтому колебался в принятии окончательного решения.

«Став пресвитером, я долго молился, чтобы Господь подсказал мне путь прославления Его. Но быть рабом Божьим... Как могу стать оным? Я уже не молод, да и памяти никакой. Смогу ли я учиться в духовной семинарии?»

Я не находил ответа. Я прекрасно понимал, что должен повиноваться гласу Божьему, но не знал, как это сделать.

4. Ибо я могу...

Я не мог никому рассказать и обсудить дилемму, перед которой тогда стоял. Меня мучило сознание того, что всем сердцем я желал повиноваться приказу Господа, но не мог этого сделать.

Во мне спорили два голоса: голос Духа Святого, который говорил мне: «Послушание лучше жертвы», и мой внутренний голос, который заставлял мою душу усомниться во всем и говорил: «Как ты можешь стать рабом Божьим?» Мир и покой внутри себя я мог сохранить, только помолившись, поэтому, уложив вещи в походную сумку, я отправился в молитвенный дом.

«Господи, если Ты действительно хочешь, чтобы я стал рабом Твоим, рассей мои сомнения и подтверди Свое решение еще раз. Ибо услышав еще раз Глас Твой, я могу спокойно повиноваться приказу Твоему».

Я соблюдал пост и молился, но Господь не говорил со мной. Вернувшись из молитвенного дома, изможденный и опустошенный, я почти что испустил дух.

Мои молитвы и многочисленные походы в молитвенные дома не помогли мне получить ответа на главный вопрос. Так шли месяцы. Время бежало, а душа моя не находила успокоения.

Кончилось время блужданий

«Господи, если это Твоя воля, то я повинуюсь. Если должен стать рабом, то стану рабом Твоим. Только скажи мне еще раз, приди ко мне», — возносил я эту молитву уже целую неделю, молясь на ночных молениях.

Это было в субботу вечером. Я кричал, умоляя Господа ответить мне, потому что отчаяние, в котором я пребывал, не давало мне спокойно служить Господу. Я даже сомневался, смогу ли я помолиться на воскресной службе.

«Почему ты думаешь, что не сможешь? Ибо нет для верующего того, чего бы он не смог сделать. Ибо послушание лучше жертвы. Ибо вижу Я содержимое твое, а не оболочку твою», — наконец, услышал я голос Господа.

Мне казалось, что от счастья и радости я взлечу на небо. Я был преисполнен ощущением того, что все на земле принадлежит мне. Тело мое стало невесомым, будто бы сбросило с себя весь груз сомнений и переживаний. И я мог полностью предаться радости, переполнившей меня.

И Святой Дух открыл мне:

«Господь спас тебя, исцелил и освободил от страданий. Он поведет тебя до того дня, когда ты будешь любить лишь Господа.

Он дал тебе веру, дабы ты верил; желание молиться, дабы ты мог молиться и жить по слову Божьему. Твою семью Он сделал дружной, и дал тебе блага материальные, и подарил тебе все, чего ты не имел.

Он позвал тебя быть рабом Своим, ибо ты можешь стать им. Ибо возлюбил ты Господа больше всего на свете, потому Он и избрал тебя.

Видел Он желание души твоей жить по слову Божьему и восславлять Его и возрадовался. Потому и позвал к Себе».

Теперь я был уверен в том, что смогу выполнить приказ Господа. И я решил посвятить свою жизнь служению Богу.

Закончились мои душевные блуждания. Это было в сентябре 1978 года. Жена бросила работу в косметической фирме и, повинуясь желанию Господа, занялась делами нашего магазина. Не прошло и месяца, как месячный доход наш составил шестьсот тысяч вон.

К нам стали приходить люди, наслышанные о наших успехах, и просили поведать секреты нашей работы. Они недоуменно пожимали плечами, когда узнавали наш «секрет»: не пускать пьющих и курящих и не работать в воскресный день. И это было естественно. Разве могли они понять то, что Господь может из ничего сотворить все для тех, кто благовествует, живет по Слову, служит и восхваляет Господа. Исполнилось то, что обещал нам Господь: мы получили больше, чем заработали. Господь с радостью благословил нас за покорность и послушание.

Сто баллов за Библию

Чтобы подготовиться к вступительным экзаменам, я снял отдельную комнату. По совету пастора Ли Енг Хуна я подал заявление в духовную семинарию Сонгель.

Как сын и раб Божий я считал, что должен сдать экзамен по знанию Библии на сто баллов. Я начал соблюдать посты. Так моя учеба проходила в десяти или двадцатидневных постах.

«Господи, дай мне памяти и способностей через этот пост. Дай мне запомнить каждое Слово Твое из Священного Писания. Прими молитву мою, ибо верю я в силу Твою, воскресающую живых из мертвых»

Так проводил я свои дни в молитвах и в чтении Библии. И пребывал во мне Святой Дух, когда я читал Слово Божье.

Наконец наступил день сдачи экзаменов.

Я подготовился лишь к одному экзамену — экзамену по знанию Библии. Во время всех остальных экзаменов я решил, что лучше, чем отвечать плохо, сдать чистые листы. Так я и сделал. Но в знаниях Библии я был уверен, и по этому экзамену я получил максимальное количество баллов — сто.

На следующий день было собеседование. Директор семирании задал мне вопрос:

— Почему вы, кроме экзамена по знанию Библии, сдали незаполненные листы? Ой... а по нему-то вы получили сто баллов!

Дирекция была в замешательстве, но с Божьей помощью вышел приказ о моем зачислении, и я стал новоиспеченным семинаристом.

После поступления я продолжал соблюдать посты и ночные моления. Дней, когда я соблюдал пост, было больше, чем тех, когда я был сыт. Я забыл, когда в последний раз праздновал дни рождения и праздники.

Так прошел год. Было 20 июня 1979 года, когда я проводил ночные моления. В семинарии неожиданно вывесили график летней сессии. Из всех предметов, что мы изучали, я знал лишь одно Слово Божье. Все остальное — английский, древнегреческий и прочее — я даже не помнил. Я был в замешательстве, потому что не хотел прерывать запланированные ночные моления. И опять я обратился к Господу с молитвой.

«Господи, я не знал, что скоро сессия и запланировал ночные моления. Помоги мне, Господи. Верю, что поможешь мне сдать благополучно экзамены и не прервать ночные моления».

Я молился за каждый предмет по часу, и Господь

давал мне тему, по которой мне необходимо было готовиться. После молитвы я час занимался на заданную тему, затем ночь проводил в молитвах и утром шел на экзамен. И мне всегда попадалась именно та тема, на которую указал Господь. Так я Божьей помощью и силами сдал все экзамены. И еще раз восславил я Господа и восхищен был Его силой.

Откровение о последних днях

Это было в последний день моих двадцатидневных молений, ровно в четыре часа утра. Я читал последнюю молитву, когда вдруг Господь открыл мне правду о последних днях.

«Любимый сын мой, проснись и будь осторожным, ибо приблизился последний час».

В это время я молился, чтобы Господь открыл мне смысл священных стихов из Писания о дне и часе, когда Он придет. В этих стихах говорится, что «день Господень так придет, как тать ночью», и что «вы братия, не во тьме, чтобы день застал вас как тать» (1 Фессалоникийцам 5:1-6).

Как только я вознес молитву, прочитав стихи из Ветхого Завета: «Ибо Господь Бог ничего не делает, не открыв Своей тайны рабам Своим, пророкам» (Амос 3:7), Господь сказал мне Священным Словом Писания, что будет пришествие Его и день этот приближается неумолимо, «потому и вы будьте готовы, ибо, в который час не думаете, приидет Сын Человеческий» (Матфея 24:42-44). Сказал Он мне и о знамениях, предвещающих конец.

Никто, кроме Господа, не знает дня и часа, когда наступит конец света, но через предсказания в Священном Писании мы можем знать, что близок он. Потому должны мы бодрствовать и быть мудрыми, ибо если не будем бодрствовать, то «день застанет как тать», и не будем спасены.

Например, во времена перед Великим Потопом люди ели, пили, женились и выходили замуж до того дня, как вошел Ной в ковчег, и не думали, пока не пришел потоп и не истребил всех. Если не будем бодрствовать, то, в конце концов, день застанет нас, как тать.

И сегодня верующих, которым открыта правда о близости пришествия, и кто готовится к нему, день Господень не застанет врасплох. Но тех, кто не верует, или тех, кто верует, но не по правде, а кое-как, которым не открыта священная правда та, застанет Господень день, как тать, и не получат они спасения.

После этого, однажды, я встретил в семинарии однокурсника, который рассказал мне свой сон.

— И правда, странный сон. Но я уверен, его мне послал Господь. Мне приснилось, что вы сказали мне, что никто не знает, когда придет Господь, потому очнись и бодрствуй, ибо Господь придет скоро.

Я знал, что Господь хотел показать мне что то, что Он открыл мне — правда. И после этого я сверил то, что мне открыл Господь, с Библией, и все сошлось слово в слово. Ликованию моему не было предела.

Как-то мне удалось побывать в Ханаанской крестьянской школе вместе со своим любимым пастором. Здесь я окончательно разочаровался в пасторах, которых уважал и любил. Мне удалось быть свидетелем диспута на тему о прелюбодеянии. Обсуждали стих из святого благовествования: «Вы слышали, что сказано древним "не прелюбодействуй". А Я говорю вам, что всякий, кто смотрит на женщину с вожделением, уже прелюбодействовал в сердце своем» (Матфея 5:27,28). Заключение было таким: «Как можно считать грехом прелюбодеяние, о котором ты подумал? Это не может быть грехом». Я был в шоке от подобного заключения, потому что уже три года молился за то, чтобы и в мыслях и в душе моей не возникало желания прелюбодействовать, и получал от Господа ответ.

«Господи, благодарю Тебя. Если бы я думал, что желание прелюбодействовать в мыслях нельзя считать грехом, то навечно бы обрек себя на совершения греха. Я благодарю Тебя за то, что Ты помог мне победить в долгой борьбе с грехом прелюбодеяния и жить по слову Твоему».

Я снова вспомнил прошлое, и чувство благодарности Господу за то, что Он вел меня все эти годы, захлестывало меня.

«Назло всем и всему темному и злому я должен, во что бы то ни стало, с верой и молитвой вооружиться словом Божьим», — твердо решил я.

Многие семинаристы разговаривали со мной на «ты» из-за моей обманчивой внешности, по которой было сложно определить мой возраст. Благодаря этому моя семинаристская жизнь была спокойной. Но вскоре все однокурсники узнали мой настоящий возраст и чувствовали себя виноватыми, что по-панибратски обращались со мной.

Многие из них учились и открывали свои церкви. И я

готовил себя к тому, чтобы открыть свою церковь. Как-то на летних каникулах, после двадцатидневного поста, я с горестью обнаружил, что многие слова из Писания до сих пор непонятны мне. Меня не удовлетворяли ни объяснения преподавателей, ни многочисленные справочники и словари.

С самого начала моей веры я каждый раз возносил одну и ту же молитву:

«Господи, дай мне постигнуть смысл слов Твоих. Кому-то ангелы объясняют все. Я всем сердцем желаю, чтобы Ты разъяснил мне смысл всех шестидесяти шести книг Священного Писания».

Сорокадневный пост

Летом 1980 года каникулы я решил провести в сорокадневном посте. Во время молитвы перед началом сорокодневного поста, я услышал, как Господь сказал мне:

«Раб мой возлюбленный, не читай ничего, написанного рукой человеческой, кроме Библии и Псалтири».

Мне пришлось оставить все книги, которые я собирался прочитать во время поста в молитвенном доме. Пост был для меня привычным делом, поэтому я, уверенный в том, что с Божьей помощью без труда выдержу его, приступил к молитвам. Я искренне молился за то, чтобы Господь превратил меня в слугу радостного и дал мне знания и способности; чтобы вооружил меня Словом Своим и помог мне открыть церковь. Но Господь не принял моего поста. Я не мог спать из-за судорог, сводивших руки и ноги. Во время молитв мне постоянно мешали думы о мирском и низменном. Казалось, что сатана делает все для того, чтобы Господь не услышал меня. На тридцатый день поста у меня не прекращалось головокружение, шла кровь носом, рвота и боли во всем теле изнурили мою ослабшую плоть. Тридцать девятый день поста прошел в адских мучениях. Было невыносимо. Десять минут казались часом. Невозможно описать, как мне было тяжело: озноб, головокружение, судороги, спазмы и слабость. Но Господь давал мне силы молиться более двух часов в день.

На сороковой день к одиннадцати часам вечера у меня все прошло, будто ничего и не было. Так с Божьей помощью победило мое терпение в жестокой схватке с силами зла.

Вся моя семья пела и танцевала, благодаря и восславляя Господа. «Господи, хранивший меня до последней минуты, смотревший на меня очами пламенными, давший мне силы в последние минуты, да славится Имя Твое!» — слезы благодарности текли по моему лицу.

«Господи, да прославишься лишь Ты единственный».

Так Господь через этот пост открыл мне путь, идя по которому, я могу постичь шестьдесят шесть священных книг.

5. Открытие

«Се, стою у двери и стучу: если кто услышит голос Мой и отворит дверь, войду к нему и буду вечерять с ним, и он со Мною» (Откровение 3:20).

Человек Божий

Господь сотворил чудеса, позвал меня к Себе, вошел в двери души моей и сделал человеком Божьим.

В апреле 1974 года я поверил в то, что Бог жив, и начал ходить на все службы, где узнал, что такое любовь и милость Господни. Тогда я не умел молиться, потому что в церкви некому было научить меня этому.

В ноябре того же года я начал ходить на христианские собрания, где слушал проповеди и исповеди, пел гимны и молился. Тогда же я узнал, что такое быть преисполненым Святым Духом. Я раскаялся в грехах своих, и открылась для меня великая любовь и милость Господа.

Тогда для меня Слово Божье было слаще меда. Каждый раз, когда я молился, Бог всегда отвечал на мои молитвы.

Раскаявшись во всех грехах своих, я получил Господне благословение, и Он направлял пути мои, чтобы я жил по Слову Его. Господь утешал, наказывал и открывал мне правду жизни, тем самым, сделав меня чадом Божьим.

Господь сделал меня человеком, бросившим всю мирскую жадность, гордость и зависть и оставившим в своем сердце лишь любовь к Богу и ближним. Моя душа обрела покой, и поэтому любое дело спорилось в руках моих. От этого мне еще более хотелось прославлять Господа, исповедоваться и благовествовать.

С 10 июля 1974 года в течение трех лет Господь

давал нам испытания, чтобы мы с женой освободились от грехов. И мы стали людьми Божьими, живущими в радости, благодарности и молитве.

До 9 сентября 1977 года я расплатился со всеми долгами, при этом никогда не забывал отдавать жертву Господу. В нашем доме всегда были рады любому Божьему человеку, даже если нам самим было нечего есть. Бог видел все это и не оставлял нас, давал нам пищу и хлеб. И чувствовали мы на себе благодать Господню.

Девятого сентября 1977 года мы открыли наш третий магазин. Господь благословил нас материально, и мы могли не переживать за завтрашний день. Нам оставалось лишь славить Господа нашего.

Став рабом Божьим

В мае 1978 года по велению Господа я начал трехлетнее изучение Слова Божьего. С того времени я начал соблюдать посты и ночные моления и жить по Слову Божьему.

Господь дал мне в руки силу молитвы, которой я мог спасти умиравшие души, наградил меня даром и поведал мне божественную тайну. Он помогал мне проводить каждые каникулы в молитве и в Слове Божьем, направлял меня, когда я помогал людям, обращавшимся ко мне с различными душевными проблемами.

Господь помог мне собрать бесценный опыт духовного общения. В этом мне помог дьякон из дружественной нам церкви, с которым я был очень близок, и с кем я в течение года ходил по разным местам благовествовал и молился.

С мая 1981 года я уже целенаправленно молился, чтобы Господь помог мне открыть церковь. Для этого я изучил административную и финансовую деятельность церкви, а также то, как работают собрания для школьников, студентов, молодежи и пожилых прихожан, как происходит их управление, как работает церковный хор и коллектив работников церкви.

С ноября того же года мне посчастливилось вести многие проповеди самому в церкви, работу которой я и изучал.

Так в феврале 1982 года, в последнюю неделю месяца (когда кончились три года, в течение которых я должен был учиться Слову по велению Господа), перед началом последнего учебного года Господь доверил мне вести христианское собрание в церкви Ильман в городе Масане. Эта работа давала мне стимул молиться еще горячее и страстнее за то, чтобы Господь помог мне открыть свою церковь.

В мае 1982 года Господь, наконец, ответил на мои молитвы. Он направлял каждый мой шаг в создании церкви.

В это время ко мне обратилась одна из подопечных моей жены, жившая с нами по соседству.

— Ночью кто-то произнес три раза мое имя, и я проснулась. И вдруг меня ослепил яркий свет и, о чудо, передо мной явился Господь и сказал мне: «Я выбираю тебя. Иди и стань моим свидетелем, и расскажи об этом всем, кого увидишь». Я не знаю, что все это могло бы значить.

Эта женщина не читала ни книгу Бытия, ни Благовествование от Матфея, и знала лишь два слова — Бог и Иисус, но, получив благословение единожды, она полностью исцелилась от желудочной болезни. Она снова пришла ко мне.

— Со мной снова произошло что-то мистическое. Во сне вы подозвали меня к себе и приказали взять вас за руку, сказав, что хотите мне кое-что показать. Я пошла за вами и вскоре увидела какой-то склад с белыми стенами и красной крышей. Мы зашли внутрь, и я увидела, что весь склад был заполнен золотыми мешками. Я поинтересовалась, чем же заполнены мешки. На что вы мне ответили, что они наполнены солью и дали мне два мешка, сказав, чтобы я хранила их, ибо придет время, когда соль эта будет использована для великих дел. Мы снова вернулись к месту, откуда пришли, и вы, указывая мне на четыре стороны света, сказали, что с этой минуты и до прихода Господа мы должны нести Благую Весть вместе через горы, реки и поля.

Я понял, что это — промысел Божий. С тех пор я старался молиться за нее, объяснять ей Слово и направлять по правильному пути ее духовные искания.

Моя жена создала в одном районе христианское собрание из четырех человек, которое к апрелю 1982 года уже состояло из двадцати пяти членов. Теперь можно было увидеть то, как она выросла духовно, и что уже готова выполнять обязанности жены пастора. Каждый раз, молясь за нее, я видел как душу ее переполняет любовь к ближнему. И пребывали мы в молитвах, в общении и преломлении хлеба любви, а расходившись, мы несли Благую Весть в мир.

Господь собрал для меня помощников через молитвенные собрания, чтобы мы вместе могли открыть церковь. Всемогущий Господь не желал, чтобы церковь была открыта мирским способом. Он закрыл пути помощи, которую могли мне принести моя сестра диакониса, вторая сестра проповедница, верующие братья и сестры жены. Господь приготовил мне помощников и послал мне, когда пришло время.

Господь послал необходимые для открытия церкви деньги. Наша книжная торговля пришла в упадок. За аренду платить было нечем, и плата вычиталась из залоговой суммы. Но я верил в Господа, и Он не оставил нас, послав нам в помощь дьякониссу Квон Э Чжу.

Господь ответил на мои семилетние молитвы, в которых я просил постичь шестьдесят шесть книг Священного Писания, и послал мне пророка, чтобы он помогал мне. И творил Господь через меня чудеса, чтобы люди поверили в Него.

Так Господь каждый раз отвечал на мои молитвы, давая все, что было необходимо для открытия церкви. Он велел открыть церковь, когда солнце станет красным, и предупредил меня, что меня ждет тяжелое испытание.

Разве будет сидеть спокойно сатана, когда Господь ответил на мою семилетнюю молитву? Он, словно разъяренный лев, бросился на меня и, вцепившись острыми клыками, пытался разорвать меня на куски.

Испытание

Я заканчивал предпоследний семестр четвертого курса. Как-то куратор нашего курса поинтересовался, чем дышит и как живет наш коллектив. На что один из семинаристов ответил, что у нас произошел раскол. И причиной того раскола оказался я.

Вскоре, на одном молитвенном собрании произошло недоразумение из-за пророчеств:

«Женщина конформирует раба Божьего».

«Раб Божий принимает молитву от женщины».

«Он выдает себя за Христа».

Естественно, ничего этого не было и не могло быть. Но слухи в одночасье распространились по всей семинарии. В конце концов, меня объявили еретиком, и на обсуждение был поднят вопрос о моем исключении из семинарии. Обо всем этом я не подозревал, пока мне не рассказал пастор К., который верил в мою невиновность. Потом я узнал, что в церкви, в которой я служил, было сделано предупреждение всем прихожанам, чтобы они держались от меня подальше. Я знал, что это было испытанием, о котором меня предупредил Господь, поэтому мужественно переносил все удары судьбы. Но я все-таки не смог сдержать волнения, когда узнал, что в семинарии бурно обсуждается вопрос о моем исключении.

Наступил день, когда должен был пройти последний экзамен летней сессии. Но я не пошел в семинарию, а вместе со свидетелями отправился в церковь, чтобы объяснить истинное положение дел. Но мои объяснения и слушать не хотели. Все, кто были дружны со мной и верили в меня, получили предупреждение. А обо мне сказали, что «в меня вселилась нечистая сила», и что это — «работа сатаны».

Но через пророчество было сказано: «Не беспокойся. Вознеси благодарственную молитву. Сатана не в силах сломить тебя, потому возлюби и забудь о ненависти». И я молился. И Господь наградил меня за то, что я с честью вынес это испытание. Все было готово для открытия церкви.

Как зто и было предсказано пророчеством, после трехдневного поста я отправился заключать контракт на аренду помещения для будущей церкви. Здание находилось в живописной местности. В течение одного часа я прождал хозяина, после чего стал молиться.

«Господь, я жду уже целый час. Если в течение пяти минут никто не появится, то я приму это, как знак того, что Ты не хочешь, чтобы церковь была именно здесь».

Но не прошло и минуты, как появился хозяин, и я успешно заключил контракт на аренду.

— Я уже шел вам сказать, что не смогу отдать вам помещение под аренду, но увидел вас и поменял свое решение, — сказал мне арендодатель.

До последней минуты мы не сдавались и победили, несмотря на ожесточенный натиск черных сил. И еще раз мы убедились, что ничто не может помешать божественной цели Господа.

Как и велел Господь, церковь была открыта 25 июля 1982 года, когда «солнце было красным». Первая служба была открыта в собрании девяти стариков, четырех детей и пяти гостей.

Ликование

Вся первая служба прошла в восхвалении Господа и благодарственных молитвах, потому что эта церковь была открыта, несмотря на испытания и клевету, которой очернили меня и выставили еретиком.

Каждый день после открытия проходил в горячих молитвах. Собирались по пять или шесть человек, и возносили свою молитву к небу.

«Воззови ко Мне — и Я отвечу тебе, покажу тебе великое и недоступное, чего ты не знаешь» (Иеремия 33:3).

И мы взывали к Господу, и Он отвечал нам. С каждым днем приход становился больше. У нас появились кафедра, телефон и многое другое, что нужно было для нормальной работы.

До сих пор не было такого случая, чтобы мы не проводили вечернюю службу в пятницу. Мы радовались, благодарили и молились, и Господь творил, показывал нам чудеса и решал наши душевные проблемы. Господь дал нашей церкви помощников и многочисленную паству.

И возрадовался Отец наш Небесный, увидев, как люди нашей церкви живут по Слову, восславляют Его и свято чтут день воскресный. И послал нам Господь еще людей, и так много, что каждую неделю мы принимали новичков.

Открытие нашей церкви было возможно лишь благодаря Господу, который направлял нас и работал с нами, помогал нам силой, сотворяющей все из ничего. Аллилуйя!

6. Сосуд

«А в большом доме есть сосуды не только золотые и серебряные, но и деревянные и глиняные; и один в почетном, а другие в низком употреблении. Итак, кто будет чист от сего, тот будет сосудом в чести, освященным и благопотребным Владыке, годным на всякое доброе дело» (2 Тимофею 2:20,21).

Большой сосуд

Три года ушло на создание церкви. В 1979 году сестра обещала мне отдать землю под строительство церкви. Я приложил много стараний и усилий, выбивая разрешение на ее строительство, но не смог его получить. Из-за отсутствия денег снять церковь в аренду мы не могли.

Благодаря семье моей сестры, приход нашей церкви составлял более десяти человек. Тогда мне казалось, что с их помощью мне не страшны никакие проблемы. Но Господь распорядился по-другому.

Как написано в Библии: «Сердце человека обдумывает свой путь, но Господь управляет шествием его» (Притчи 16:9), так и было в моей жизни: я обдумывал и планировал, но Господь не желал управлять моим шествием.

Так за три года Господь изменил меня. Он воспитал из меня человека, который может управлять людьми, веря во всемогущего Господа.

Обещав доверить Господу все, что касается создания церкви, я торопил события, но потом раскаялся в этом.

И когда я действительно доверил все дела Богу, Он направил пути мои, руководил мною и мы могли видеть чудеса, сотворенные рукой Его.

Много лет я просил Господа наречь имя будущей церкви, но ответа не было. Но когда моя внутренняя сущность стала «сосудом», благопотребным Владыке, Он ответил мне.

«Будет имя церкви Манмин».

«И сказал им: идите по всему миру и проповедуйте Евангелие всей твари» (Марка 16:15).

И снова Господь говорил мне, как и три года назад, когда велел мне стать рабом Божьим и ходить за горы, реки и моря, творя чудеса.

По воле всемогущего Господа была открыта церковь. И велел Он мне стать благопотребным «сосудом», что будет проповедовать Евангелие всему миру и всей твари.

По замыслу Божьему церковь была открыта только средствами и силами людей, которых послал мне Господь. И снова мы убедились в великой силе Господней и благодарили Его за сотворенные чудеса.

Господь помог нам одержать победу над силами зла. И приготовил Он несчетное множество сосудов, чтобы построить Царство Небесное. И сказал Он, что есть сосуды золотые, серебряные, деревянные и глиняные, какие-то — в почетном, а какие-то — низком употреблении. А еще сказал, что «кто будет чист от сего, тот будет сосудом в чести, освященным и благопотребным Владыке, годным на всякое доброе дело».

Так каким же сосудом являюсь я? Каким сосудом я

должен стать, чтобы быть освященным и благопотребным Господу?

Чистый сосуд

Когда Господь разрешил мне открытие церкви, мой сосуд был чист. Ибо Господь не давал греху поселиться в душе моей и освящал меня. Я соблюдал десять заповедей, и было во мне девять плодов духа.

Но Богу было угодно продлить время испытаний, и Он послал мне еще одно неожиданное испытание через рабу Божью. Меня предал человек, с которым мы вместе возносили молитвы: меня оклеветали. Меня объявили еретиком, и в семинарии был уже серьезно поставлен вопрос о моем исключении. Но я не унывал и не сдавался.

«Не заботьтесь ни о чем, но всегда в молитве и прошении с благодарением открывайте свои желания пред Богом, — и мир Божий, который превыше всякого ума, соблюдет сердца ваши и помышления ваши во Христе Иисусе» (Филлипийцам 4:6,7).

Если есть люди, которые готовы продать свою родину, то есть и те, кто готов умереть за нее. Каждый сосуд наполнен тем, что вложил в себя. Я верил в силу Господа и молился до конца, потому добро победило зло, истина одержала верх над дьяволом.

Я прошел последнее испытание и победил зло. И Господь принял меня, живущего по Слову и освященного светом Его, и разрешил открытие церкви.

Многие, кто был тогда рядом со мной, вспоминают это время и говорят:

— Нас трясло от негодования, хотя гонениям подвергались вы. Но мы увидели вас, молящегося и прощающего всех, кто причиняет вам боль и страдания, и поняли, как сильна была в вас вера.

Жена тоже иногда вспоминает трудное для всех нас время.

— За несколько месяцев до открытия я как будто сошла с ума. Я не знала, что делать. Пройти это испытание с честью было очень тяжело. Но вы приняли это испытание спокойно.

Господь заставил признать сатану, что сосуд мой чист и освящен, помог открыть церковь, показав тем самым могущество свое и силу. И не находил я слов, чтобы выразить радость от благословения Божьего после успешно выдержанного испытания.

Господь отвечающий

После открытия церкви Господь поведал нам о замысле Своем через молитвы, которые мы каждый день возносили к Нему. Мы начали молиться за то, чтобы наша церковь могла заняться проповедью за рубежом. Как и Иисус, собравший двенадцать учеников, чтобы исполнить волю Господа, так и мы созывали рабов Божьих, чтобы поведать им о божественном плане Господнем, чтобы исполнить волю Его и осуществить замысел.

И показал Господь нам храм, через который распространится по всему миру Благая Весть. Он показал нам внутреннее его убранство и то, что потолок в священном дворце поддерживается девяносто шестью мраморными колоннами, а в центре зала расположена внутренняя кафедра, стоящая на вращающейся платформе.

И еще показал Господь то, как миллионы душ будут получать здесь благословение; как я буду проповедовать им учение Христа; как увидим мы чудеса и знамения, сотворенные Господом. И наша молитва за то, чтобы распространить Благую Весть по всему миру, стала еще страстнее и горячее.

Господь сделал меня пастырем, к кому могут прийти рабы Божьи и исстрадавшиеся души, чтобы найти успокоение и отраду. Разве это не чудо, что тот, кто долгое время сомневался в своих силах, когда Господь позвал его, теперь мечтает о том, чтобы благовествовать далеко за рубежом, верой и правдой молится и движется к цели своей?

Это было возможно лишь силой Божьей, которая сделала меня сосудом благопотребным, чтобы могли приходить ко мне люди и получать успокоение.

Еще тогда, у самых истоков моей веры, Господь помогал мне исцелять людей молитвой. Однажды мне удалось быть свидетелем одной исповеди.

— Мой сын ошпарился кипятком. Ожог был сильным. Нам не помогло никакое лечение в больнице. И я вспомнила о царе Асе, о котором пишется в главе 16, второй книги Паралипоменон. Умер он, потому что понадеялся на Сирию, а не на Господа. И я решила отдать все в руки Божьи, соблюдала пост и молилась. И, о чудо, Господь исцелил моего ребенка. Аллилуйя!

Для меня, исцелившегося Божьей помощью, эта исповедь не была странной или невероятной, но еще больше показала мне силу Господню, и я решил поступать так же: надеяться только на Господа.

После этого, каждый раз, когда болели мои дочери, я молился, и они выздоравливали. Высокая температура стремительно падала, и дочки уже очень скоро могли прыгать и резвиться, как ни в чем не бывало.

С тех пор люди исцелялись от многих болезней, если я молился за них. Не было ничего удивительнее этого исцеления!

После того как я вступил на путь Божий, темой моих молитв были создание церкви, постижение Слова, обретение божественной силы, получение даров, получение молитвенной силы и освящение. Перед самым открытием церкви мне были даны девять плодов Духа, дар любви, дар прорицательности и дар видения. Каждый раз, когда молитвой люди исцелялись от легких, тяжелых и неизлечимых болезней, бесплодия, изгоняли из себя злых духов, я еще раз убеждался в могуществе и силе Господа и постигал законы духовного мира.

Сразу после открытия церкви к нам потянулись больные люди. Господь полностью избавлял людей от паралича, рака, артрита, болезней сердечно-сосудистой системы, лимфоденита, туберкулеза, гастрита, слепоты и тысячи других недугов. Да и какая болезнь могла сопротивляться силе Господней? Ибо Господь исцеляет от всех недугов.

Господь посылал тех, у кого был бедный духовный мир; кто не понимал Слова Божьего; кто жил не по Слову, потому жизнь их была несчастной; кто не обладал духовной полнотой, отчего бродил в поисках духовности. Он дал мне силу, чтобы я мог решать их духовные и душевные проблемы.

По заслугам воздастся

И воздал мне Господь по делам моим и по заслугам, ибо стал я сосудом, благопотребным Владыке. На юбилейной службе присутствовало более ста человек, хотя сначала нас было всего девять. И так, с каждым годом, росла паства наша, и сейчас мы стали церковью мирового значения.

Так в чем же причина такого стремительного роста нашей церкви по сравнению с другими?

Мы жили только по Слову Божьему и повиновались только воле Его, поэтому Господь сделал нас драгоценным сосудом в доме своем, чтобы славили мы Царство Его. У меня была большая мечта спасти как можно больше душ и превратить их в «зерна», чтобы возрадовался Господь. И я всегда молился за это.

Я понял, что если кто-то хочет стать сосудом чистым и освященным, то должен обладать именно такой мудростью.

«Мудр ли и разумен кто из вас? Докажи это на самом деле добрым поведением с мудрою кротостью» (Иакова 3:13).

«Но мудрость, сходящая свыше, во-первых, чиста, потом мирна, скромна, послушлива, полна милосердия и добрых плодов, беспристрастна и нелицемерна. Плод же правды в мире сеется у тех, которые хранят мир» (Иакова 3:17,18).

И показывал я данную Господом мудрость добрыми делами.

Наша церковь оказывала помощь церквям, находящимся на периферии, собирала пожертвования для строительства духовной семинарии, предоставляла кров и еду всем, кто нуждался, платила за учебу многих студентов.

Каждое воскресение в церкви организовывался обед, чтобы прихожане могли подружиться друг с другом. Все это было непосильно для церковного бюджета, но мы не беспокоились и возложили все дела свои на Господа, повинуясь Его словам: «Давайте, и дастся вам: мерою доброю, утрясенною, нагнетенною и переполненною отсыплют вам в лоно ваше; ибо какою мерою мерите, такою же отмерится вам».

Я полностью отдался молитвам, общению и откровениям Господним, потому что всем сердцем желал, чтобы души, спасенные мною, могли стать драгоценным зерном во славу Господа (Матфея 11:27; 1 Коринфянам 14:26). Моим делом было получить откровение и объяснение непонятных слов из Священного Писания, чтобы передать волю Божью и Благую Весть всему миру. Я твердо решил, что должен отдать всего себя, все свои силы и желания на то, чтобы превратить плевелы в зерно, неверующего в верующего, чтобы могли мы достойно встретить Господа нашего.

Часть пятая

Откровения

1. Благословенные

«Блажен муж, который не ходит на совет нечестивых и не стоит на пути грешных, и не сидит в собрании развратителей; но в законе Господа воля его, и о законе Его размышляет он день и ночь! И будет он как дерево, посаженное при потоках вод, которое приносит плод свой во время свое, и лист которого не вянет; и во всем, что он ни делает, успеет» (Псалтирь 1:1-3).

По-настоящему счастливый человек

Каждый человек хочет жить счастливо. Раньше в Корее детям даже давали «счастливые имена». Когда я болел, как-то раз мне удалось побывать в доме, где и придумывают имена.

Рано утром мы заняли очередь, чтобы попасть на прием к «знаменитому» гадальщику, некому Ким Бонг Су. На прием мы попали только к четырем часам дня. Он долго рассматривал наши лица, потом спросил мое имя.

— Да... имя у вас нехорошее. Человек с таким

именем, как ваше — Джей Рок Ли — не жилец на этом свете. А вашей жене с таким именем — Ли Бок Ним — судьба быть служанкой в чужом доме. Первый раз вижу такие плохие имена.

С того дня мне дали имя Ли Сонг Ук, а жене — Ли Чжи Ен, но болезни не покидали меня, а жене не становилось легче. Когда в семье моей жены родилась дочь, ее нарекли Бок Ним, что означает «счастливая», потому что ее рождение принесло в дом счастье.

Сейчас же, когда ее имя заменили на «счастливое имя» Ли Чжи Ен, счастья не было.

Мы с женой так хотели быть счастливыми. То, как мы этого жаждали, невозможно выразить словами. «Что же мы должны сделать, чтобы выздороветь? Что же сделать, чтобы вырваться из этой нищеты и заработать денег? Что же сделать, чтобы наши дочери были здоровыми и счастливыми?» — задавали мы себе вопросы, но ответа не было.

Люди говорят, что счастье — это здоровье, богатство, мир в доме и много детей. Особенно, когда человек становится богатым, говорят, что он счастливый, и что богатым не страшны никакие беды и несчастья. Но зачем нужно такое счастье, если человек все равно смертен? Как бы ни был здоров человек, он сможет прожить всего семьдесят или восемьдесят лет. Зачем оно нужно, счастье, если ты все равно умрешь? Да, я не спорю, что оно нужно, чтобы жить в этом мире. Но оно преходяще, потому это — не истинное счастье.

Так что же такое истинное счастье?

Какое же счастье будет всегда с тобой, даже после смерти? В Священной Книге, где запечатлена вся история человечества: жизнь, смерть, счастье и несчастья людей — рассказывается об одном человеке, который был счастлив по-настоящему.

«И Я произведу от тебя великий народ, и благословлю тебя, и возвеличу имя твое; и будешь ты в благословение» (Бытие 12:2).

Этим человеком был наш предок Авраам. Он верил в Бога Творца и Бога Владыку, повиновался Слову Его и дела его были совершенны. Авраам жил до ста семидесяти пяти лет, но не имел детей. Но потом Господь дал ему множество детей, почитавших родителей своих и повиновавшихся слову их. Кроме этого, у него были богатства, рабы, и каждое дело его заканчивалось успехом. Авраам — счастливый человек, ибо живет в памяти людей, как предок веры.

В Писании сказано, что настоящее счастье — это вера в Господа и повиновение Ему, жизнь по Слову Его и вознесение в рай, где нет слез, печали и страданий. Это самое главное счастье — счастье духа. Второе же счастье — это здоровье, удача, дети и богатство. Это счастье помогает жить на земле.

Когда человек получает эти два счастья, можно сказать, что он по-настоящему счастлив.

Много на этом свете счастливых людей, но ко многим это счастье приходит ненадолго. Оглянитесь, и вы увидите вокруг себя много таких людей. У кого-то сегодня есть несколько домов, автомобили, и деньги текут к ним рекой, а завтра они остаются без крова, денег и еды. Как много богатых молодых людей умирают! Многие теряют своих близких и любимых. Разве можно сказать, что они — счастливые люди?

Счастье, которое дарит нам Господь, неизменно. Каждый день в Господе дарит еще больше радости и счастья. И никто не сможет отрицать то, что это и есть идеальное, настоящее счастье.

Мое счастье

По мере того как менялась моя сущность, я мог видеть Господню милость ко мне. Здесь я не могу не написать об этом.

Я жил без надежды, зная, что жизнь на этой земле имеет свой конец. Я не знал, кто такой Бог, и что существует вечный мир. Но в один прекрасный день, когда я познал Господа, я уже не мог отрицать Его существования, как не мог отрицать и того, что рай есть.

Я раскаялся в своей глупости и греховности и решил жить только по Слову Божьему. Радость, которую я испытывал, может понять лишь тот, кто испытал счастье от того, что он спасен. Именно тогда псалмы и молитвы стали моими вечными спутниками. Я радовался и благодарил Господа за каждый день, каждую минуту жизни.

Второе, что дал мне Господь, это чудесное исцеление моей плоти, которая уже была обречена на смерть. Вместо больного тела я получил здоровую плоть. Я испытал радость семейного счастья. Мои дети были здоровы и умны. Наша семья получила и материальное благословение.

Кроме этого, Господь подарил мне радость служить в церкви, радость души и возможность передавать Благую Весть всем людям.

Третье, что мне дал Господь, было счастье всегда быть рядом с Ним. Господь всегда со мной, ибо творю я дела, угодные Ему.

Разве это не счастье? Представьте, что вам выпала честь работать рядом с главой страны. Миллионы людей будут завидовать вам, считая, что вы живете в славе и почете. Представьте, как почетно быть рядом со Всемогущим Господом. Какую славную жизнь можно прожить, работая вместе с Ним!

Маленький ребенок живет вместе со своими родителями, которые кормят его, одевают, оберегают от опасностей, дают ему кров и все, что необходимо. Так и Господь, который всегда рядом с нами, дает все, в чем я нуждаюсь. Он дает мне в полной мере власть, силу и мудрость, чтобы я мог выполнять дело Его.

Те, кто были одержимы темными силами, дрожали, увидев меня. Каждое слово, произнесенное мною с церковной кафедры, Господь подтверждал своим божественным действием, потому слушали и повиновались мне люди, и исцелялся и испытывал на себе любовь Господню каждый, за кого я молился.

Четвертое счастье, данное мне Господом, было то, что каждая моя молитва не оставалась без ответа, каждое мое желание было исполнено.

Все, что пожелаешь

Это случилось спустя полгода со дня открытия церкви. Здание церкви состояло из двух надземных этажей и одного подземного. На двух верхних этажах находилась сама церковь, а офис и жилые комнаты

— на подземном. Накануне нового года по лунному календарю, в феврале 1983 года, после ночного моления, в пять часов утра церковь огласилась криками людей. Три мои дочери и молодой человек, которые спали в жилых комнатах подземного этажа, отравились угарным газом. Их обнаружили, когда они уже потеряли сознание, и тела их начали коченеть. Прихожане не знали, что делать. Я попросил поднять их в церковь и, взойдя на кафедру, встал на колени и начал молиться.

«Господи, благодарю Тебя. Я буду благодарен Тебе, если Ты оставишь в живых трех моих дочерей. Я буду благодарен Тебе, даже если Ты заберешь их к Себе. Господи, дай мне постичь ошибки мои и раскаяться в грехах, которых я не вижу своим человеческим глазом. Но этот юноша, он — овца из стада Твоего. Только об одном прошу Тебя, спаси его, чтобы не омрачилась слава Твоя».

Я спустился и возложил свою руку на голову юноши.

«Именем Иисуса из Назарета приказываю тебе, угарный газ, изыди. Выйди из тела его. Господи, спаси эту душу, чтобы восславил он Имя Твое».

После этого я помолился за каждую свою дочь. Пока я молился, молодой человек очнулся и сел, озираясь одурманенными глазами и не понимая, что происходит вокруг. Очнулись три мои дочери. Аллилуйя!

Еще большей стала вера в тех, кто стали свидетелями этого. Еще больше стала их уверенность в том, что нет ничего невозможного для человека, глубоко верующего в Господа. И еще раз восславили они Имя Его. Впоследствии многие из них молитвой возвращались к жизни после отравления угарным газом.

Было и такое

Прошло больше года после открытия церкви. Школьники и молодежь нашей церкви первый раз собрались за город. Всю ночь шел ливень, а под утро прогремел гром. Молодые люди, которые на ночь остались в церкви, чтобы рано утром отправиться всем вместе за город, уже не надеялись куда-либо поехать.

И я стал молиться.

«Отец, сегодня день, когда дети Твои должны выехать за город. Правитель неба и всего сущего на земле, останови гром, молнии и дождь. Помоги юным созданиям, рабам Твоим, спокойно съездить за город и вернуться обратно. Верую в силу Твою».

Мы молились вслух все вместе. И Господь ответил на нашу горячую молитву и тут же остановил дождь.

Место, куда мы собирались, находилось на острове Тэбу, куда теплоход ходил лишь один раз в день. По предварительно составленному расписанию мы должны были тронуться в пять часов утра. Мы прождали до 4 часов 55 минут, но дождь не прекращался. И я спросил у всех собравшихся: «Ребята! Верите ли вы в то, что после трехминутной молитвы Господь остановит грозу?» На что они мне дружно ответили: «Аминь». После молитвы я велел всем спускаться вниз, чтобы отправиться в дорогу. И случилось чудо! Пока мы спускались со второго этажа на первый, дождь прекратился. Кто поверит в то, что такой сильный ливень мог прекратиться моментально?

Господь управляет всем, что на небе и под небом! Разве мог Он не ответить на нашу молитву?

Как и сказано в Священном Писании: «Если пребудете во Мне и слова Мои в вас пребудут, то, чего ни пожелаете, просите и будет вам» (Иоанна 15:7), так и сбылось: просили мы, и было нам.

Счастье, которое получил я, может получить каждый, кто верит в Господа, соблюдает заповеди Его и ведет жизнь освященную. Получает ли это счастье тот, кто говорит «Господи, Господи»? Получает ли его каждый, кто уверовал?

Каждый из нас желает жить по Слову Божьему, чтобы встала душа на путь истинный, и получалось каждое дело в жизни его; чтобы было здоровье; чтобы отвечал Господь на каждую молитву его и пребывал рядом с ним.

2. Глас Божий

«И обратившись к ученикам, сказал: все предано Мне Отцем Моим; и кто есть Сын, не знает никто, кроме Отца, и кто есть Отец, не знает никто, кроме Сына, и кому Сын хочет открыть. И обратившись к ученикам, сказал им особо: блаженны очи, видящие то, что видите! Ибо сказываю вам, что многие пророки и цари желали бы видеть, что вы видите, и не видели, и слышать, что вы слышите, и не слышали» (Луки 10:22-24).

В последнее время появилось очень много трудных детей, с которыми родители и преподаватели не знают, что делать. Если внимательнее присмотреться, то можно увидеть главную причину этой проблемы —

отсутствие любви в семье. Не получив родительской любви и внимания, подростки, у которых в переходном возрасте очень силен дух противоречия, в конце концов совершают злые поступки.

То же можно сказать и о человеке, который стал чадом Божьим. Такой человек общается с Господом в любви, живет по Слову Его и пребывает в Нем. Тот же, кто не верит в Бога, не познав Господней любви, уходит от Него и совершает грехи.

Если вы пребываете в Господе, вы можете общаться с Ним, слышать глас Его, повиноваться воле Господней и славить только лишь Его.

Как была бы печальна наша жизнь, если бы мы, дети Божьи, не смогли бы общаться с Отцом нашим? Разве можно быть счастливым, если твой отец глухой или немой?

Поэтому Господь говорит с нами. И говорит Он по-разному. Опираясь на свой собственный опыт общения с Господом, я вкратце опишу, как Господь говорил со мной.

Голос Святого Духа

До того, как мы принимаем веру в Иисуса Христа как Спасителя, мы живем, полагаясь на свою совесть. Человек совестливый и добрый по натуре, живет так, как и полагается жить доброму человеку: совершает добрые поступки и не совершает злых. Человек, который научился жить дурно, живет, как и полагается жить злому человеку. Например, представьте, что перед нами лежит вещь, которую мы можем украсть, и мы знаем, что это останется тайной.

Совесть будет говорить доброму человеку: «Это воровство, даже если об этом никто не узнает. Не делай этого ни в коем случае». И такой человек никогда не совершит кражи.

Но злой человек размышляет совсем по-другому: «Никто же не видит. Ничего. Кто сейчас не ворует и кто живет по-честному? Ничего не случится, если я украду эту пустяшную вещичку». Такой человек, повинуясь своей злой сущности, крадет вещь.

Так каждый человек слышит голос своей совести: добрый или злой.

Человек, живший по законам правды и добра, уверовав в Иисуса, может услышать голос Господа. Слова Его — это истина, которая никогда не меняется, ни от времени, ни от обстоятельств.

Открыв двери души своей и приняв Иисуса, как своего Спасителя, мы получаем в дар Святого Духа, и истина, которую мы принимали лишь разумом, проникает в нашу душу и оживляет наш мертвый дух. Это ступень, когда мы преисполняемся Святым Духом.

Святой Дух доказывает существование Господа, помогает познать истину и понять свою греховность. Через Слово мы освобождаемся от грехов. И насколько наш дух будет свободен от греха, настолько четко мы сможем услышать голос Святого Духа. Если вы полностью освободились от грехов и освятились, вы можете очень ясно услышать этот голос.

Есть три разновидности голоса Святого Духа.

Первая разновидность — это голос Святого Духа, помогающий постигать истину. Например, в душе вы однажды решили: «Не буду никого ненавидеть», но увидели человека, к которому испытывали неприязнь, и в вас снова просыпается ненависть. Тогда Святой Дух говорит вам: «Господь сказал нам: "Возлюби!", потому что тот, кто ненавидит брата своего, тот лжец, тот, кто не любит брата своего, тот слепец и не может любить Господа своего». Услышав голос Святого Духа, я молитвой заставляю свою душу любить и не замечаю, как в какой-то момент моя ненависть превращается в любовь.

Вторая разновидность — это голос Святого Духа, оповещающий о воле Господней, вселяющий в нас тревогу. Если в беседе с ближними вы нечаянно солгали, Святой Дух вселяет в вас тревогу, чтобы вы осознали свой грех. Эта тревога появляется в нас, когда мы оскверняем Слово Божье.

Но бывают случаи, когда нам тревожно, даже если мы не нарушили Слова и не солгали. Бывает так, что иногда Всемогущий и Всевидящий Бог Отец заставляет нас помолиться, куда-то идти или что-либо сделать. Все это Он делает для того, чтобы отвести от нас опасность или сделать гладкими пути наши для достижения цели. Например, вы собираетесь сесть в автобус, но почему-то вас охватывает тревога, и вы не хотите садиться в него. Это в вас говорит Святой Дух, предупреждая вас о чем-то.

Когда я был дьяконом, со мной случилось следующее. Было воскресенье. Я собирался на второе служение, так как вечером было собрание работников церкви. Все утро меня не покидало непонятное чувство тревоги. И вдруг я, неожиданно для самого себя, решил после первого служения пойти домой к сестре. Я повиновался голосу Святого Духа. Придя к сестре, я узнал, что муж ее, уже долгое время не встававший с постели, должен скоро умереть. Я долго сидел у постели умирающего, молился и пел псалмы, чтобы вселить в него надежду на спасение. Я знал, что это Господь послал меня в тот дом, чтобы спасти еще одну душу.

Это и есть тот самый Святой Дух, который вселяет в нас тревогу и настаивает на действиях.

И, наконец, третья разновидность — это Святой Дух, говорящий с нами словами «делай» или «не делай», таким образом, одобряя и утешая нас или даря спокойствие и мир.

Большинство христиан слышат голос Святого Духа, но Он очень слабый. Если вы будете повиноваться голосу Святого Духа, не считая, что это говорит в вас ваше собственное я, то вскоре вы можете очень четко услышать светлый и чистый голос Святого Духа, который превратит вас в человека духовного.

Глас Божий, говорящий нам

В Священной Книге есть много мест, где Господь говорит с людьми.

«И пришел Господь, и стал, и воззвал, как в тот и другой раз: Самуил, Самуил!.. И сказал Господь Самуилу…» (1 Царств 3:10,11).

«Он упал на землю и услышал голос, говорящий ему: Савл, Савл! Что ты гонишь Меня? Он сказал: кто Ты, Господи? Господь же сказал: Я Иисус, Которого ты гонишь: трудно тебе идти против рожна» (Деяния 9:4,5).

Глас Божий, который я слышал, когда Господь два раза призывал меня служить Ему, был похож на человеческий голос, но был светлым и проникал в каждую клеточку моей души, завораживал меня и в то же время пугал, приводя меня в дрожь. Но услышать Его голос удается лишь единицам.

Бог, говорящий с нами через людей и ангелов

«Ангел же, обратив речь к женщинам, сказал: не бойтесь, ибо знаю, что вы ищете Иисуса распятого» (Матфея 28:5).

В Библии можно часто встретить места, где Господь говорит с людьми через ангелов, потому что они есть духи, управляемые Им. Голос их прекрасен по красоте своей. Господь говорит с нами также через людей, заставляя нас таким образом познавать истину или исполнять волю Его.

Поэтому мы должны быть всегда готовы услышать Его голос через священнослужителей, простых верующих и детей. Иногда Господь говорит даже через животных, как говорил с Валаамом через ослицу (Числа 22:28-30).

Господь, говорящий через пророчества

Весь Ветхий Завет состоит из пророчеств. В пророчествах Господь предсказывал чудесные дела, которые должны будут свершиться, и они свершились.

В Новом Завете тоже есть пророчества, которые сбылись.

«Между тем как мы пребывали у них многие дни, пришел из Иудеи некто пророк, именем Агав. И, вошел к нам, взял пояс Павлов и, связав себе руки и ноги, сказал: так говорит Дух Святый: мужа, чей этот пояс, так свяжут в Иерусалиме Иудеи и предадут в руки язычников» (Деяния 21:10,11).

Многие предсказания этого пророка сбылись, и верю, что еще сбудутся.

«Ибо Господь Бог ничего не делает, не открыв Своей тайны рабам Своим, пророкам. Лев начал рыкать, — кто не содрогнется? Господь Бог сказал, — кто не будет пророчествовать?» (Амос 3:7,8).

Через пророчества Господь выражает волю Свою.

Господь, говорящий через пророчества

Пророчество — это когда Господь говорит устами пророков.

«Была на мне рука Господа, и Господь вывел меня духом… И сказал мне: изреки пророчества на кости сии и скажи им: "Кости сухие! Слушайте слово Господне!" Так говорит Господь Бог костям сим: вот, Я введу дух в вас, и оживете…Я изрек пророчество, как повелено было мне…» (Иезекииль 37:1,4,5,7).

Как было бы хорошо, если бы был такой пророк сейчас! Через пророчества мы можем получить откровения. Откровение Иоанна Богослова — это откровение от Христа, в котором Господь, послав ангела к Иоанну, рассказывает о делах, которые должны скоро произойти (Откровение 1:1).

Я верю каждому слову из Священного Писания,

потому после сорокадневного поста, вооружившись Словом, молился Господу, чтобы Он ниспослал мне пророчество, как послал его Иезекиилю, чтобы мог я знать о делах грядущих.

И Господь ответил мне, ибо молился я Ему с любовью, дабы помог Он мне постичь смысл слов Его священных.

В мае 1982 года Господь изрек пророчество, в котором говорилось о том, что церковь будет открыта, когда солнце будет красным. Так и случилось. Церковь была открыта 25 июля. С тех пор в нашей церкви через пророчество видели мы силу Господа. После долгих лет бездействия инвалиды вставали со своих колясок и могли ходить. Свидетелями многих чудес были прихожане нашей церкви. С каждым днем росла в них вера. Через пророчество они встретили Господа и переродились заново.

С мая 1983 года я получал откровения о стихах из Библии, которые я не мог постичь. Это была награда за семь лет, которые я провел в бесконечных постах и молитвах. Господь помогал мне постигать любой стих из Священного Писания.

Кроме того, что я описал выше, существуют еще сны, видения и Библия, через которые Господь может также говорить с нами. Сны бывают мирскими, духовными, от Святого Духа и сны откровения. Если научиться отличать сны друг от друга, можно научиться толковать их.

Как и сказано в Библии «…и Отца не знает никто, кроме Сына, и кому Сын хочет открыть» (Матфея 11:27). Если вы хотите узнать Господа, сначала Бог должен даровать вам откровение. Откровение можно получить через общение с Богом, через него же можно услышать глас Его.

Верующий в Господа Бога через откровения может постичь волю Господню, а через послушание получить истинное счастье. Только так он может стать настоящим христианином.

3. Правитель

Запретив христианские собрания

С мая 1983 года Господь запретил мне проводить христианские собрания. Проводя эти собрания, я узнал чудовищную правду.

Никто не знал и не верил в то, что Иисус был распят за наши грехи, что спасение и отпущение грехов можно получить, лишь уверовав в Него. Кроме этого, многие из них не верили вообще в существование Бога, потому получалось, что Господь стал Богом не живых, а мертвых душ.

И я бросился спасать души людей, которые приходили на собрания. Всем сердцем я желал их духовного перерождения. Каждый день я приводил им доказательства спасения, чудеса, воскрешения, пришествия из рая, но темные силы постоянно мешали моей работе. Однако же каждый раз, когда я видел, как многие раскаивались и духовно перерождались, я понимал, что одержал победу.

Каждой моей проповедью руководил Господь, каждое мое слово Он направлял в души слушающих, чтобы постигли они волю Его и замысел. Мы получали столько Господней любви и милости, что для нас стало естественным —каждый день становиться свидетелями чудес. Миллионы прихожан после встречи с Господом рождались заново. Калеки вставали и шли, тяжелобольные полностью исцелялись от болезней и недугов. Аллилуйя!

Но, несмотря на все это, Господь запретил проводить собрания и приказал нам идти в мир и нести Благую Весть о Нем, передавать людям мира Его волю. И сказал Он, что наступит время, когда и евреи уверуют в Христа и раскаются в неверии своем.

И я повиновался. Я есть раб Божий и слуга Его, поэтому верил в то, что Господь будет совершать дела, поэтому беспрекословно повиновался каждому слову Его.

Словом и молитвой

С мая 1983 года я все свое время и силы отдавал на то, чтобы получить откровение. После воскресной службы я отправлялся в молитвенный дом и с понедельника по четверг проводил в чтении Библии и молитвах, как Иоанн, отправившийся на остров Патмос, чтобы получить откровение, общаясь с Господом. За дверями молитвенного дома я оставлял все: мирские и церковные дела, проблемы прихожан. Потому что только в общении с Богом я мог получить откровение. В пятницу я возвращался домой, чтобы подготовиться к проповеди на вечернем служении. В субботу я посещал дома прихожан, проводил с ними беседы и молился.

Мне было приказано Господом прочесть Священное Писание три раза от начала до конца. После чего Господь открыл и разъяснил мне все, что было непонятно. Он объяснил мне все явления, описанные в священных книгах. Все, что подвергли сомнениям ученые и философы мира.

Я прочел Библию еще три раза. И Господь поведал мне смысл всех стихов, что были трудны для понимания. Он дал мне в руки оружие, которое может поразить и заставить склониться любого, кто не верит в Господа.

И снова Господь приказал мне прочесть шестьдесят шесть книг еще три раза.

Каждую книгу Он разъяснял мне, каждое слово высекал на скрижалях моей души. Он открыл мне тайну будущего и дела грядущие, ибо нет для Него ничего неподвластного во вселенной. Аллилуйя!

Каждый день, каждую минуту мне приходилось вести невидимую, но жестокую войну с сатанинской силой. Я молился, как молился Иисус в Гефсиманском саду, проливая кровь, как Илия — в ожидании огня Господнего на горе Кармила.

После заутрени и утренней трапезы я снова молился. После обеда и короткого отдыха чтение Библии и молитвы продолжались. Если в эти часы хоть на секунду прекратить общение с Господом, то становится невозможным постичь законы духовного мира и получить откровение. Его можно получить, только выдержав наступление темных сил и возрадовав Господа.

Через полученные мною откровения я еще раз

убедился в могучей силе Господней и беспредельной любви ко мне. И благодарил я Господа и славил Его.

Бог-Правитель

Иногда я, рассматривая карту мира, мечтаю о миссионерстве за рубежом. На маленьком клочке бумаги нарисован весь наш огромный мир. Когда я смотрю на карту, меня не покидает мысль: «Какая все-таки земля маленькая». Иногда мне даже кажется, что весь мир может уместиться на моей ладони.

Каким же маленьким он должен казаться для Господа? Когда мы смотрим на свою ладонь, то можем увидеть каждую ее складку и морщинку. Наш мир, как ладонь, для Бога. Господь может управлять нашим миром так, как мы можем делать это со своей рукой, ибо Он один является Правителем и Владыкой Вселенной.

Пять дней Господь создавал все живое и неживое на земле. Он сотворил это все для человека. На шестой день Господь сотворил человека и повелел ему плодиться и размножаться, наполнять и обладать землей, владычествовать над всеми животными.

Так кем и чем же правит Господь?

Во-первых, Господь правит всей Вселенной.

Он управляет всей Вселенной: солнцем, луной, звездами и галактиками, потому есть день, и ночь, и четыре времени года. Через ангелов Господь управляет небом. Они посылают нам солнечный свет или дождь.

Во-вторых, Господь управляет историей человечества.

Я не ошибусь, если скажу, что история человечества — это непрерывная цепь войн. В Библии очень подробно описана история человечества и каждой страны в отдельности, история трех мировых войн. И все это постепенно сбывается. Тот, кто открыт духовно, может это увидеть.

В-третьих, Господь правит человеком: его жизнью и смертью, радостями и горестями.

Каждый человек может сам лишить себя жизни, но право на это имеет лишь Бог. Тот, кому суждено умереть, должен будет умереть, как бы он ни хотел избежать этого. Господь забирает жизнь у тех, у кого она проходит во грехе.

Но Он может и продлить жизнь, как сделал это с Езекией (4 Царств 20 глава). Человек получает от Господа ровно столько, сколько он соблюдал Его законы. Что посеешь, то и пожнешь.

По этому принципу Господь управляет жизнью людей и определяет, сколько ему жить. Человек живет столько, сколько он заслужил.

Тот, кто посеет семена праведности, будет благословенным. А тот, кто зло посеет, тот получит лишь гнев. Поэтому праведник, живущий лишь верой, получает спасение и входит в рай, а грешник — в ад, потому что плата за грех — смерть. Поэтому Царство Небесное — тому, кто верит в Христа, Который есть путь, истина и жизнь, а кто не верит, тому уготована дорога в ад. Тот, кто живет по законам зла, получает зло и погибает. Тот же, кто живет праведно, тому воздастся на небесах.

Трудолюбивому Господь дает богатства, а ленивому — нищету. Много я видел тех, кто были праведниками, но не работали, и платой за это была нищета. Много было таких, что, не работая, зарабатывали много денег, но радости их скоро приходил конец, потому что за этим шло время разорений и несчастий.

Господь позволяет свободно жить на земле и праведнику, и грешнику. Все мы дышим одним воздухом и пьем одну воду, но каждому Бог воздает по делам его.

В-четвертых, Господь дает благополучие тому, кто верует в Него.

Бог управляет ангелами и имеет силу над дьяволом. Управляет Он и детьми Своими. Он отвечает на молитву того, кто верует в Него, и делает пути его гладкими, потому что бессилен дьявол, когда человек в молитве. И посылает Бог ангелов, чтобы охраняли они спокойствие детей Его. Но тот, кто не верует, находится в руках дьявола, потому что не могут помочь ему ангелы небесные.

Кроме того, верующий в Господа находится в ведении Духа Святого. И если повиноваться голосу Его, Святой Дух направляет пути его и отводит беду. Тот же, кто не верует, не получает такого благословения, потому что это привилегия лишь детей Божьих.

Я, встретив Бога Правителя, получил благословение и стал чадом Его, спасающим души тех, кому суждено умереть. Я стал тем, кто должен передать волю Его людям мира. Благодарю Господа за то, что Он ответил мне и дал откровение, чтобы я мог нести Весть о Нем и бессмертном Слове Его в мир.

4. Сердце откровений

* Пророчество — это воля Господа, которую Он вкладывает в уста пророка. Потому тот, кто говорит, есть пророк, но устами его глаголет Господь, преисполнив оного Святым Духом.

Слово «я» в пророчестве означает Иисуса Христа.

Наступило время, когда я стал пребывать в Слове и Господе после трех лет испытаний и освобождения от грехов. Именно тогда мне был дан дар различения духов.

Каждый раз, когда я прочитывал различные свидетельства Слова Божьего, написанные человеческой рукой и разъясненные человеческой мыслью, я оставался неудовлетворенным в своем желании познать Господа. И после трех лет испытаний, когда я был призван служить Господу и поступил в духовную семинарию, было естественно, что я задавал тысячи и тысячи неразрешенных вопросов преподавателям. Но очень скоро я понял, что никто не может ответить на мои вопросы, поэтому со второго курса перестал задавать их и преподавателям, и кому бы то ни было. Просто в душе я решил, что на них может ответить лишь Господь. Прочитывая комментарии к трудным для понимания стихам из Священного Писания, я увидел, что многие из них вообще далеки от Слова, поэтому невозможно понять глубокий духовный смысл стихов.

Теперь, когда я получил откровение через пророчество, для меня становился ясен духовный смысл Слова Божьего. Радость минуты, когда ты становишься одним из тех, кому поведана великая тайна, была так велика, что я бы не променял ее ни на какие богатства мира земного. В то же время, исчезли усталость и утомление от труда, который ты проделал, чтобы это могло свершиться.

Далее я хотел бы познакомить вас с несколькими проповедями и пророчествами, которые были получены откровением. Через это Слово получили благословение не только наши прихожане, но и люди из многих других церквей.

Да славится Имя Господа! Он ответил на молитву мою, как и сказано в Слове: «Воззови ко Мне — и Я отвечу тебе, покажу тебе великое и недоступное, чего ты не знаешь» (Иеремия 33:3).

Смысл свадебного пира (Иоанна 2:1-11)

Уверен, что каждый из вас хотя бы один раз был свидетелем свадебного торжества. Брак — это священное действо, при котором мужчина и женщина становятся одним целым. Это радостное событие в жизни каждого. Но после свадебного банкета, когда гости сыты и уже пьяны, это торжество омрачается дурными поступками пьяных гостей.

Что можем знать мы о первом чуде, который сотворил Иисус на свадебном пире, превратив воду в вино?

Почему Иисус, который пришел на эту землю, чтобы передать людям Благую Весть и спасти наши души, превращает воду в вино, дабы гости могли опьянеть? Почему же первое чудо, сотворенное им, было именно таким? Меня мучил этот вопрос, но я верил, что когда-нибудь Господь ответит и на него.

Однажды, когда я молился, чтобы Господь ответил мне на мучивший меня вопрос «В чем смысл свадебного пира?», через пророка я услышал ответ.

«Говорю тебе волю Мою чрез уста рабы Божьей. Так в чем же смысл свадебного пире в Кане? Первое чудо, сотворенное Мною, было вино. Возлюбленный раб Мой! То, что получил ты, есть лишь часть, но не велика ли она для тебя? Любимый сын мой! Разве не говорил Я с тобой, когда душа твоя была чиста и радовал ты Меня? Возблагодари!

Чадо Мое! Чудо на свадебном пире в Кане было первым, которое сотворил Я, получив силу от Отца Своего. Почему же Я сотворил чудо с вином на свадебном торжестве?»

В Библии написано, что «как в дни перед потопом ели, пили, женились и выходили замуж» (Матфея 24:37,38). Почему жу случился потоп? Увидел Я, как люди женились, развращались и пьянели, и судил их водой, что была Словом.

И что же означает свадебный пир в Кане? Кана Галилейская — есть мир, свадебный пир — есть люди, которые женятся и выходят замуж, вино — есть хмель и есть те, кто пьян, сеет разврат и вражду. Все есть на том пире, что есть в миру.

И был позван на тот пир Иисус. Что же сделал с Ним, в конце концов, дьявол? Он распял Его на кресте. Потому получается, что дьявол позвал Христа на этот мирской пир, чтобы распять Его (Матфея 26:50).

Знай, что записано событие то в Библии не потому, чтобы рассказать, что чудо сотворил Господь, а именно по смыслу тому, что Я тебе сказал. Так показал Он волю Господню. Люди, читая об этом, могут увидеть лишь то, что был чудо. Но ты есть тот, кому хотел Я открыть смысл того пира, потому что знаешь ты волю Мою и желание Мое (Матфея 11:27).

Истинно, истинно тебе говорю, что вино, данное вам, есть Кровь Христа, что дает вечную жизнь. И хотел Он показать это дьяволу. Мирское вино есть хмель, но красное вино, что сделал Я, одного цвета с Кровью Моей. Мое вино дает вечную жизнь. По правде говорю тебе. Я показал людям, что Моей Кровью даю им жизнь.

Раб Мой возлюбленный! Мир позвал Меня, и Я пришел, чтобы умереть за людей. Мирское вино развращает души ваши, но Мое вино есть Кровь, что дарует вечную жизнь. Никто, кроме Отца и Меня, не знает об этом. Но ты узнаешь об этом. Познаешь ты, что чудо, сотворенное Мною, не Я один творил.

Сын мой возлюбленный! Дано знать тебе, что, как пришел Я в этот мир, пришло время уверовать. Но не заставляю Я верить вас, люди, в то, чего не видите, но даю вам откровение. Я дал вам веру. Того, кто обрел веру, Господь еще больше наполнит ею.

И сказал Я Иосифу, чтобы не боялся он принять Марию. И поверил он и поступил так, как Я ему велел. И сказал Я Марии, что родит она Сына. И поверила Мария, потому преисполнилась Святым Духом и приняла во чрево Сына. Если бы не верила она, разве могла бы зачать Сына? Каждое дело начинается с веры, после того, как пришел Я на эту землю, и потому не случается чуда без веры.

Раб Мой любимый! Где бы то ни было, не получится

ничего, если нет там веры и прославления Господа. Знай, что Праведный Бог Отец оградит все и вся от нападок дьявола, потому всякое дело начнется с праведностью.

И мог творить Я это чудо и творил его, потому что мать Моя уверовала и желала чуда. Знай, что там, где нет веры — нет чуда. Господь оживил Тавифу, чтобы показать, что если в душе есть благословение, по душе будут и чудеса творится.

Истинно, истинно говорю тебе, что творил Я чудеса в каждом селении, чтобы распространились они далее.

Возлюбленный сын Мой! Не творил Я великих чудес помногу в одном месте. Пусть разум и сердце твое примут и поймут все, что изрек Я тебе».

Так я получил откровение. После этого я мог без труда понимать каждое Слово, что сказал мне Господь.

На четвертый день Иисус был приглашен на свадебное пиршество в Кане Галилейской. Вместе с Ним были приглашены мать и ученики Его. Когда кончилось вино, мать сказала Иисусу, что вина нет у них. Она хотела, чтобы Он сотворил чудо. На что Иисус ответил: «что Мне и Тебе, Жено? Еще не пришел час мой». Но мать верила в то, что Он сотворит чудо, потому приказала слугам, чтобы делали они «так, как скажет Он им». И свершилось чудо, потому что была вера.

Приказал Иисус им наполнить шесть сосудов до верха и нести к распорядителю пира. Отведав воды, распорядитель не знал, откуда это вино, но знали только служители. Тогда распорядитель позвал жениха и говорит ему: «Всякий человек подает сперва хорошее вино, а когда напьются, тогда худшее, а ты хорошее вино сберег доселе». Потому слова из Библии: «Так положил Иисус начало чудесам в Кане Галилейской и явил славу Свою; и уверовали в Него ученики Его» — ассоциируются с началом и концом жизни Иисуса. Давайте подробнее рассмотрим эти слова.

То, что Иисус был приглашен на свадьбу в Кане Галилейской, означает распятие и смерть Иисуса на кресте после того как люди позвали Иисуса в этот мир.

Свадебный пир означает последние дни, когда ели, пили и грешили. Вода, превращенная в вино, символизирует Кровь, которую пролил Иисус на кресте.

То, что распорядитель, отведав вино, сказал, что это вино хорошее, означает то, что каждый, кто «выпьет Кровь Иисуса», получит отпущение грехов, радость и надежду на Царство Небесное.

В Библии сказано, что «так положил Иисус начало чудесам в Кане Галилейской и явил славу Свою». Это означает, что Иисус, сказавший, что «знамение не дастся ему, кроме знамения Ионы пророка» (Матфея 12:39), явил Свою славу тем, что воскрес через три дня после смерти на кресте. Слова о том, что «уверовали в Него ученики Его», означают то, что только после того, как Иисус был распят, ученики Его до конца поверили в Него и жизнь готовы были отдать, чтобы доказать слово о кресте и чудесном воскресении Христовом.

Как был бы опечален Господь, если бы мы, прочитав главу о свадебном пиршестве в Кане, приняли бы это просто за чудо, которое Иисус сотворил, чтобы поздравить сочетавшихся браком.

Я был бесконечно счастлив оттого, что мне было дано увидеть в этом событии знамение, которое предваряло дело спасения душ человеческих.

Шесть сосудов, в которых было принесено вино, символизируют шеститысячелетнюю историю. На этом мне хотелось бы закончить разъяснение данного пророчества.

Гибель и возрождение Израиля (Иоанна 19:23,24)

Господь давал мне через пророчества откровения об Израиле.

«Возлюбленный сын Мой! Я явился из народа израильского. Я есть потомок Давида. Истинно, истинно говорю тебе: плоть Моя есть сам Израиль. Кто пронзает тело Мое, тот ранит весь Израиль. Потому, когда народ израильский ранил царя своего, он предсказал этим гибель страны своей. Как пронзило копье меня, так пронзит оно Израиль. Как разделили одежды мои на четыре части, так народ израильский будет гоним по всему свету. Как бросали жребий на хитон, так будет отнято все у них.

Любимый раб Мой! Если будет единой душа твоя и радость будет наполнять ее, и не будет в ней ни капли зла, то Отец твой направит тебя и будет руководить тобою. Кому же еще могу сказать Я слова эти драгоценные?

Говорю это тебе, потому что народ израильский должен услышать это. Услышав это, ты должен встать и распространить весть об этом среди народа израильского, чтобы взволновался он до глубины души и раскаялся.

Знай, что сатана не успокоится, услышав слова эти, поэтому, если есть в тебе зло, ничего не дойдет до сердца твоего, что хотел Я тебе сказать.

Раб Мой возлюбленный! Что же говорили они, когда мучили Меня? «Кровь Его на нас и на детях наших». Поэтому Господь ответил на это так, как и было сказано.

Сын мой! Было написано, что «хитон же был не сшитый, а весь тканый сверху». Дал Я Иакову имя Израиль и сказал ему, что будет от него народ израильский. Если бы хитон разорвали, разве смог бы подняться Израиль? Но не разорвался хитон. А значит это, что снова Израиль будет единым.

Раб Мой! Одежду мою порвали, поэтому народу было суждено скитаться по всему миру, но хитон остался целым, значит души их едины и невозможно разделить их.

Да будет драгоценным каждое слово Мое для того, кто услышит его».

Давайте истолкуем это пророчество.

Слова из Библии: «Воины же, когда распяли Иисуса, взяли одежды Его и разделили на четыре части» — предсказывают захват Израиля Римской Империей и гонения израильского народа в 70 году от Рождества Христова.

Слова: «хитон же был не сшитый, а весь тканый сверху. Итак сказали друг другу: не станем раздирать его, а бросим о нем жребий» — означают то, что никто не может отобрать у израильского народа желание служить Господу, ибо оно идет от предка их Иакова. Эти слова предсказывают то, что израильский народ снова воссоединится. Так и случилось: 14 мая 1948 года Израиль провозгласил свою независимость (см. 38 главу Иезекииля). Страна, которая не существовала уже две тысячи лет, снова поднялась из пепла. Разве это не чудо! Разве это не чудо из чудес!!! И только рука Господня могла сделать это.

Часть шестая

Драгоценная жизнь

1. Воспоминания

После всего я почувствовал, что весь покрылся капельками пота от волнения. Радость душила меня.

«Как и где я еще могу услышать это? Кто еще мне может сказать такое?»

Сердце бешено колотилось. Глаза наполнились слезами.

«Тайна одежды Христа, предсказание гибели и возрождения Израиля...»

Как можно не благодарить Господа за пророчество, которое Он мне поведал. Я благодарил и благодарил Его. Было что-то чудесное во всем, что произошло. Каждое слово откровения я вложил в сердце мое. Я чувствовал, как меня окружила всеобъемлющая любовь Господня. Слезы благодарности текли по моим щекам.

После получения откровения

Моей жизнью полностью управлял лишь Господь и наполнял ее божественным смыслом. Мне было дорого каждое чудо и каждое испытание, которое посылал мне Бог.

Почему же Господь до сих пор направлял и вел меня? Почему Он позвал меня на служение к Нему, чтобы я спасал миллионы душ? Меня — замкнутого, упрямого и никчемного человечишку? Как я ни старался ответить на эти вопросы, у меня ничего не получалось. О себе я мог лишь сказать, что всегда был чист перед людьми и стремился жить по справедливости, по добру и терпению.

Господь возвел Давида на престол не за его облик, но за душу. Сердце мое наполнилось благодарностью за то, что Он за душу, за сердце мое избрал меня, чтобы я мог нести Благую Весть о Нем. И я еще раз ощутил на себе теплоту рук Его.

Господь проверял меня, посылая мне тяжкие испытания. Теперь, когда уже все позади, я могу сказать, что благодарен Господу за них. Если бы я не прошел через эти испытания, то я никогда бы не смог стать тем, кем сейчас являюсь: дорогим и возлюбленным рабом Господа.

Господь, который приказал Аврааму пожертвовать сыном его Исааком и заставил Иакова бороться до повреждения состава бедра, испытывал меня, чтобы во мне не осталось и тени зла.

С самого рождения моей веры Господь заставлял меня бороться за то, чтобы жить по Слову. Он дал мне силу, чтобы я мог соблюдать заповеди Его. Господь сказал нам, что «всякий, кто смотрит на женщину с вожделением, уже прелюбодействовал с нею в сердце своем». Я молился и соблюдал посты, чтобы Господь наставил меня, и через три года Он ответил мне.

Но на этом мои испытания не закончились. Господь заставлял действовать меня так, как приказывает душе Святой Дух. Я отбросил все свои мысли и желания и вложил в свою душу лишь волю Господню.

И даже тогда, когда перед самым открытием церкви до нас доходили дурные слухи о том, что нас обвиняют в ереси, я до конца с любовью молился за тех, кто клеветал на меня, чтобы простить их за боль, причиняемую мне. Все, чего я достиг, могло случиться лишь благодаря испытаниям, которые прошел. И Господь благословил церковь мою, хранил ее и оберегал. И церковь спасла души многих людей.

Испытания продолжались и после открытия церкви. Он посылал испытания, чтобы мы могли жить дружно и радовать глаз Божий, чтобы церковь стала школой для рабов Господних, местом душевного отдохновения для каждой заблудшей овцы. Так Господь отдавал нам Свою любовь, чтобы души наши были открыты принять любовь Его, чтобы хранила она нас от нападок дьявольской силы. Если среди нас рождались зависть, ревность и распри, закрывались пути для Господнего благословения и получения откровений.

Господь сделал меня пастырем церкви, и я должен был стать, как Иисус, омывавший ноги ученикам своим. Господь призвал меня вести людей, чтобы не осталось ни одной души, невежественной в вере. Даже если для спасения одной единственной души мне нужно было подвергнуться оскорблениям и позору, я должен был нести свой крест с радостью, как делал это Иисус.

Мои глаза не просыхали от слез. Ибо во имя душ людей просил я у Бога слезы, во имя откровений — плач, а во имя церкви — любви в душе моей.

В один прекрасный день Господь принес мне драгоценный подарок. Это были любовь и утешение, которые не может дать никто другой на свете. Он вложил их в песню Христову «Возлюбленный раб мой».

> Омыл Я кровью Своей все грехи твои.
> И чрез тебя Я силою Своей спасаю души людские.
> Вечно быть нам вместе.
> Телом Своим и Кровью Я дал клятву.
> Верь в меня, раб мой возлюбленный!
> Где бы ты ни был, пусть будет твердым шаг твой,
> Ибо Я есть сила жизни твоей,
> Я есть сила истинной жизни твоей.
> Именем Моим побеждай в сражениях.
> Иди вперед мой сын возлюбленный!
> Ибо Я с тобой иду рядом.
> Отец! Прими нас.
> Отец послал любимого раба, поверив мне,
> И верю в Тебя Я безгранично.
>
> Ты сила Моя и Любовь Моя.
> Любимый раб мой!
> И когда встретишь Меня в свете славы,
> То обниму Я тебя с радостью.

Рукоположение в пасторы

Спустя четыре года со дня открытия церкви меня возвели в священный сан пастора. После церемонии рукоположения по приказу Господа я приступил к ночным молитвам. Так, вдали от церкви и прихожан, в течение трех недель общаясь лишь с Господом и получая от Него объяснения Откровения, я начал свой пасторский путь.

Конечно, я тосковал по людям, но во имя исполнения воли Господней стойко выносил одиночество. Я еще раз убедился в том, что каждый человек из церкви был мне дорог.

Пути каждого из них Господь направил в нашу церковь. Каждый из них познал Господа. И Он руководил всеми, кто встретил Его. Господь благословлял церковь и людей. Неходячему Он дарил счастье ходить своими ногами, а незрячему — способность видеть.

С каждым днем росла вера в наших прихожанах. Невозможно счесть людей, встретивших Господа. Как говорил Апостол Павел в письме, посланном церкви в Коринфе, что родил нас во Христе благовествованием (1 Коринфянам 4:15), так и для меня был дорог каждый из прихожан.

Сначала Господь посеял в душе моей семена веры и уверенности в том, что нет ничего невозможного, если тебе помогает сам Господь Бог. Затем подарил надежду на спасение и Царство Небесное. Господь помог всем нам в стараниях победить все мирское и греховное и получить разрешение войти туда, где нет боли, страданий, но есть лишь любовь и радость.

Господь сделал нас людьми, освященными жизнью Иисуса, и пожинающими плоды нашей праведной жизни. Он сделал нас борцами за Царство Небесное, готовыми отдать свою жизнь в этой борьбе. Господь вел пути наши, чтобы стали мы служителями Господними, достойными войти в рай, чтобы пробудились мы и обрели просветление. Разве это не счастье?

Я вознес благодарственную молитву Господу, вспоминая лица каждого из прихожан. Пресвитеры, дьякониссы, дьяконы, молодые и старые прихожане, дети и студенты — каждый из них верил в Господа и жил по законам Божьим. Разве они не сокровище Господне?

Преисполненная Святым Духом и милостью, единая в любви, церковь наша, как церкви раннего христианства и как Филадельфийская церковь, станет церковью, радующей Господа. Я благодарен нашим прихожанам за то, что до крови сражаются они с грехом и, несмотря ни на что, живут по Слову Божьему, и верой, благодарностью и послушанием отвечают на каждое указание пастора.

Все это возможно лишь потому, что Господь ведет каждого из нас и повелевает нами. И в сердцах наших лишь благодарность Господу за то, что не оставит Он нас, как не оставлял до сих пор, и будет вести до конца.

Я лежал в постели и почувствовал, как горячая слеза стекла по моей щеке и капнула на подушку. Сердце мое переполнилось радостью и благодарностью, и я погрузился в воспоминания.

2. Вчера

Когда Господь призвал меня на служение Ему, мне было тридцать шесть лет. Тогда у меня уже было три дочери. Был май 1978 года. Я не помнил ничего из своего прошлого: ни событий жизни прошедшей, ни того, чему учили меня в школе. Очень долго я сомневался, что смогу учиться в семинарии, тем более выступать перед людьми и читать проповеди. По этой причине я долго и мучительно принимал решение. Но Господь знал, что душа моя готова повиноваться, поэтому терпеливо ждал моего решения.

«Иисус сказал ему: если сколько-нибудь можешь веровать, все возможно верующему» (Марка 9:23).

Потому и молился я Господу и доверил все дела свои и помыслы.

Хозяин жизни

Жизнь, прожитая мною от рождения до встречи с Господом, тоже была направлена Им, потому она мне и дорога.

Это было время, когда я считал себя хозяином своей жизни, не зная, зачем я пришел в этот мир и куда иду, зачем живу и во имя чего. Я жил без Бога, без цели и без смысла. Наверное, именно поэтому жизнь настоящая так дорога мне сейчас.

Родительский дом подарил мне мечту, научил меня законам и правилам обычной жизни, посеял в моем сердце здоровые помыслы. Может быть, строгое воспитание отца сыграло решающую роль во всем этом. Так Господь через родителей моих взрастил во мне то, что человека делает человеком.

Сдавая вступительные экзамены в среднюю школу, я познал, что такое ложь. Проживание в доме двоюродного брата преподнесло мне уроки жизни трудной и тяжелой. Будучи в детстве ребенком подвижным и общительным, постепенно я замкнулся, и связанно это было с моей внешностью, а точнее, с кривыми зубами. Вскоре я научился терпению и выдержке, хотя это было мучительно больно и порой задевало мое самолюбие.

Перейдя в старшие классы, переехав в Сеул, я стал

самостоятельным, так как мне пришлось жить и учиться одному. Там, в Сеуле я постепенно познавал настоящий внутренний облик людей. Я очень часто разочаровывался в людях, которых очень любил и уважал, отчего мне часто казалось, что жизнь бессмысленна.

После окончания школы, когда мне не удалось поступить в университет, случай частичной потери памяти и попытка самоубийства ничего не изменили в моей жизни. Люди, у которых нет цели и смысла в жизни, в таких случаях говорят, что это была полоса неудач и несчастий. Мне казалось, что жизнь здесь на земле — это все, потому я считал, что смерть будет самым наилучшим решением проблемы. Я был уверен, что смерть решит все мои проблемы, но не знал одного, самого главного: что жизнь моя не принадлежит мне. И Господь заставил меня признать, что именно Он один управляет и владычествует надо мной.

С тех пор вся моя жизнь была беспрерывной цепью чудес. Ни 20 таблеток сильнейшего снотворного, ни 5 бутылок крепкого виски не смогли отнять у меня жизнь. Сейчас я могу с уверенностью сказать, что вся моя жизнь была в Господе и направлялась Им, но тогда я не мог видеть этого.

Поступив в университет, я не прижился в студенческой среде. Мне надоело принимать участие в частых демонстрациях до такой степени, что от них я сбежал в армию.

Проходя службу в армии, я начал переписку с одной особой. Письма, приходившие ко мне чуть ли не каждый день, скрашивали тяготы военной службы. После демобилизации мы поженились. Конечно, это было поспешным решением, но тогда мне казалось, что по-другому и быть не может. Тем более что это была первая девушка в моей жизни.

Тогда я был как птенец, только что вылупившийся из яйца. Я хотел учиться, жить и работать, идти к осуществлению своей мечты. Мне казалось, что если все в моей жизни осуществится по моему плану, то как мужчина и человек я состоюсь. Я думал, что у меня достаточно ума и мудрости прожить жизнь, которой могли бы позавидовать многие. Моей мечтой было добиться небывалых успехов во всем.

Я составил подробный план, о котором поведал своим родителям с целью получения от них материальной поддержки.

— Мама! Папа! Если вы выдадите мне заранее полагающуюся мне часть наследства, то на нее мы с женой сможем открыть парикмахерскую, а я смогу восстановиться в университете и даже поехать учиться в Америку. Что вы думаете на этот счет?

Моя атака на родителей продолжалась около 20 дней. В конце концов, мне удалось получить причитающуюся часть наследства. Полный надежд и чаяний я вернулся в Сеул.

В этот момент Господь послал мне испытание. До открытия парикмахерской я решил отдать эти деньги на проценты. Так как деньги я отдал родной сестре, не было никаких сомнений насчет обмана. Прошло несколько месяцев. Сестра так и не смогла вернуть долг, в результате я не получил ни процентов, ни самих денег. Жена истратила все деньги, предназначенные для оплаты учебы. Так я потерял все.

Я уже не мечтал ни о какой учебе в Америке, потому

что под угрозой была учеба в родном университете. Родители перестали интересоваться моей жизнью после того, как я выпросил у них деньги.

Так в одно прекрасное утро я стал нищим. Мне казалось, что своим умом и мудростью можно с легкостью прожить эту жизнь, но действительность была злой и жестокой. Так все мои мечты разбились. Я понял, что как бы ни был хорош план, он может и не осуществиться. Женщина, которая была рядом со мной, не была той, о ком я мечтал. Моя свадьба прошла серо и обыденно. Но осталась последняя мечта — работать и учиться, быть отцом счастливого семейства.

«Смысл жизни в том, чтобы жить и преодолевать трудности, которые преподносит тебе судьба».

Сознание того, что мне есть для чего жить, дарило мгновения пусть краткой, но радости.

Но моя карьера закончилась тем, что из-за болезни, которая развилась из-за попойки на собственном новоселье, мне пришлось написать заявление об уходе с работы. О какой работе мог мечтать я — глухой и немощный?

Сначала от меня отвернулось общество, потом жена. Родители и братья отдалились. Родственники жены считали меня калекой и аферистом.

Грустное прошлое

Сейчас я могу сказать, что и та моя жизнь, что прошла в болезнях и боли, также мне дорога. Благодаря той жизни, что прошла в нищете и болезнях, в боли и страданиях, сейчас я живу тем, что помогаю бедным и спасаю мертвые души людей.

Я понял, что любовь человеческая изменчива. Поэтому еще более благодарен я Господу за то, что Он исцелил меня. Именно это сделало меня тем, кто любит Господа всем телом, душой и жизнью.

Я понимаю душевное состояние и страдания тех, кто мучим болезнью, потому что сам долгое время жил больным и неспособным к какому-либо труду. Я дорожу каждой секундой своей жизни, потому считаю, что должен трудиться в два раза больше других.

Именно моя прошлая жизнь без смысла и цели сделала меня тем, кто следует за Христом, Который есть путь, истина и жизнь.

Планы, которые я строил в своем уме, рухнули, но, доверив все Господу, я познал вкус истинной жизни. Моя прошлая жизнь была борьбой за обладание деньгами, славой и авторитетом на маленьком клочке земли. Наградой за эту борьбу мне стали разочарование, печаль и страдания.

Именно такая жизнь привела меня к Господу. Именно она заставила меня почувствовать всеобъемлющую любовь Господню, потому она мне и дорога.

3. Сегодня

Господь Бог несколько раз стучался в дверь моей души, но я, глупый и упрямый, открыл ее только тогда, когда прошел через неудачи, разочарования и страдания.

Иисус явился ко мне, жалкому и презренному, через сестру мою. И когда я пришел к Нему, Он не презрел меня, но обнял меня и одарил щедро.

«Сказываю вам, что так на небесах более радости будет об одном грешнике кающемся, нежели о девяноста девяти праведниках, не имеющих нужды в покаянии» (Луки 15:7).

Только лишь Иисус! Всегда Иисус!

Моя жизнь изменилась на 180 градусов.

«Как же я должен прожить жизнь, подаренную мне? Что же я получу в награду за семь лет, проведенных в страданиях?»

Я мечтал, расправив крылья, и с надеждой смотрел в завтрашний день. О чем же мне было беспокоиться, если каждый день, каждое мгновение я пребываю в любви Господней. Душа моя была умиротворена встречей с Господом.

«Только лишь Иисус! Всегда Иисус!»

Я изменился в одно мгновение после встречи с Господом, как и Савл, встретивший Иисуса на дороге в Дамаск.

Я верил во Всемогущего Господа, дарующего жизнь через смерть, и доверил Ему все дела свои. Как только я осознал свою греховность, то освободился от греха и отказался от удовольствий. Я бросил пить, перестал играть в карты и даже в шахматы. Моя жизнь проходила лишь в молитвах, постах и чтениях Библии. Я высекал каждое Слово на скрижалях моей души, и это было моей работой и единственной радостью.

Тяжелая черная работа, которую ниспослал мне Господь, научила меня терпению и сделала сильной мою ослабевшую плоть. Через нее я познал образ жизни и психологию рабочих, что в последствии помогло, когда я занимался благовествованием среди них.

Работа в книжном магазине показала мне, что любое начинание в Господе и в истине благословенно Им. Так я накопил знания и опыт, которые сделали меня опытным служителем Господним.

Любовь к Господу заставляла меня бороться с грехом. Господь вложил в мое сердце горячую любовь, которую я должен был передать другим. И когда просил я с верой, то свершались дела чудесные.

Те, за кого я молился, полностью исцелялись. Я доверился Господу и тогда, когда привез свою вторую дочь домой из больницы в бессознательном состоянии. И смелость эта была от веры во Всемогущего Господа Бога. Я верил в то, что Господь исцелит и ее, потому оправилась она быстрее, чем это было бы в больнице.

Многие часто упрекали нашу семью.

— Что-то слишком они в Бога верят.
— А что, в больнице нельзя лечиться?

Но они, увидев силу Господню, уверовали и восславили Его. Аллилуйя!

Только молитвой мы вылечили кожную болезнь старшей дочери и сотрясение мозга младшей. Уверовав во Христа, мы забыли, что такое лекарства и больницы, потому что сам Господь был нашим Целителем.

С радостью мы отдавали пожертвования и делали это еще усерднее после того, как в очередной раз убеждались в том, что Господь воздает столько, сколько было отдано.

В доме нашем не смолкали псалмы. Многие соседи спрашивали у дочерей:

— И чему вы так радуетесь?
— Неужели вера в Иисуса приносит столько радости?

Каждый день к нам приходили люди. Жена любила принимать гостей и готовить для них необычайно вкусные блюда. В доме собирались верующие нашего района. Мы молились, пели псалмы, общались и дарили друг другу любовь. Было время, когда наше собрание было таким большим, что когда мы подсчитали количество людей, то выяснилось, что наша духовная «семья» выросла в пять раз. Я еще раз убедился, что любовь и молитва творят чудеса.

Восстань, светись

И после открытия церкви продолжались чудеса Господни. Господь давал по вере нашей.

«И если в начале у тебя было мало, то впоследствии будет весьма много» (Иова 8:7).

«Восстань, светись, Иерусалим, слава Господня взошла над тобою. Ибо вот, тьма покроет землю, и мрак — народы; а над тобою воссияет Господь, и слава Его явится над тобою. И придут народы к свету твоему, и цари — к восходящему над тобой сиянию» (Исаия 60:1-3).

Нас было всего девять человек, но Господь посылал со всех концов света рабов своих к нам, чтобы служили они вместе с нами. Он наставлял нас молиться за проповедь во всем мире. Господь дал нам видение, в котором мы, далеко от родной земли, ведем христианские собрания и совершаем чудеса и знамения. И мы жили мечтой об этом. Наверное, любой, кому сказали бы о том, что крохотная церковь, где нет даже стульев, молится и мечтает о миссии мирового масштаба, рассмеялся бы говорящему в лицо.

Наш приход становился больше и больше. Каждый день к нам шли люди, каждый день росла в них вера.

Сразу после открытия нашей церкви мы стали помогать церквям, нуждающимся в помощи, и вступили на путь широкой проповеди, как желал того Господь. Десятки рабов Господних неустанно ведут работу по спасению душ людских. Каждый из нас молится, чтобы Господь помог нам стать служителям, благоугодным Ему. Мы отдаем все свои силы на благовествование: открываем в самых отдаленных районах нашей страны церкви, посылаем миссионеров в дальние страны, чтобы создавать там церкви.

Но больше всего меня радует то, что люди нашей церкви растут духовно и талантами своими и способностдми прославляют Господа.

Они — будущее миссии. Дай им Бог силы и мужества с достоинством нести имя несущего Благую Весть в мир! И сегодня прошу я в молитве Господа, чтобы Он помог нам осуществить мечту нашу.

Господь возжелал, чтобы воля Его исполнилась нами, чтобы восстали мы и обрели просветление, спасая души людей. Господь возжелал, чтобы свидетельствовали мы о Слове Его — Иисусе Христе, и творили то, что творил Он.

Господь ответил на мои молитвы разъяснить смысл слов Его через семь лет. И когда Господь поведал мне смысл слов, трудных для понимания, моей радости не было конца. Я получил откровение о Бытии, Исходе, Левите, Книге Иова, Посланиях Иоанна, Откровении. До сих пор Господь посылает мне откровения об остальных Священных Книгах. Я получил откровение о Царстве Небесном, которое записано более чем на ста тетрадных листах. В скором времени и об этом я поведаю вам. Даже если вы человек, стоящий высоко в духовном своем развитии, знания ваши ограничены, поэтому, раскрыв книгу об откровениях, Святый Дух еще раз возрадуется в сердце вашем.

И сейчас в эту минуту Господь руководит и направляет меня, чтобы я стал тем, кто, вооружившись молитвой и Словом, показывает силу Господню. В душе мне хотелось бы уделять больше времени на общение с прихожанами нашей церкви, но я сдерживаю себя, потому что необходимо отдавать все свои силы и время на исполнение воли Господней.

Знаю, что конец не так далек, потому для меня дорог каждый день. Я отдаю всего себя, свою душу, мысли, тело и старания на исполнение Его воли, но постоянно чувствую, что и этого недостаточно.

Господь сказал: «Сын мой! Если будешь пасти стадо свое на хорошей пажити, то в последний день превратятся они в пшеницу, и призову их Я».

Господь призвал меня спасать умирающие души, как делал это Иисус, и жить жизнью освященной. Я отдаю все свои душевные и физические силы на чтение молитв и Библии, чтобы Господь мог сказать, что достоин пастух и стадо его хвалы. Многие были спасены через меня и еще многие спасутся и восславят Господа.

Благодарю Господа, ибо жизнь после встречи с Ним наполнилась смыслом, радостью и надеждой.

4. Завтра

«Раб мой, избранный до начала века! Три года изучай Слово. После же отправляйся за горы, моря и реки, чтобы творить чудеса и знамения».

И свершилось так, как Господь повелел. В течение трех лет, пока я изучал Слово, Господь позволил мне вести первое христианское собрание. После этого я вел многие собрания, но, в конце концов, убедился, что среди собиравшихся не было ни одного, кто по-настоящему верил в Господа.

Твори чудеса и знамения

Я понял, почему Господь призвал меня на служение Ему и дал мне в руки право нести Благую Весть в мир. Сколько среди благовествующих тех, кто живет лишь по Слову и отдает всего себя на исполнение воли Господней?

Я был призван к Господу, хотя был недостоин Его священного выбора, и поэтому знал, что такому, как я, помогут только лишь бесконечные молитвы и посты. Я встретил Бога, и во мне жила непоколебимая вера в Него. Тогда, когда начался мой путь к Господу, я был уже не молод, память была уже не той, поэтому учеба в семинарии и выполнение дела, что поручил мне Господь, были бы невозможны без Его помощи.

Потому я отчаянно молился, вкладывая все свое сердце в молитву. И Господь отвечал мне огнем Духа. Я запоминал не головой, но Дух Святой говорил со мной и учил меня, вкладывая волю Господню в сердце мое. Все, что не было Его волей, забывалось.

Я забыл все, что было со мной, потому что потерял память об этом. В сердце и уме моем осталось лишь Слово Божье, потому снизошел на меня Дух Святой, и мысль человеческая не препятствовала Ему.

Поэтому мне, как никому другому, дана была сила Божья и ниспосланы откровения. Можно сказать, что через откровения я до конца вооружился Словом. Мне осталось лишь дарить свет Христа людям мира.

Как много людей, которых учат неправильно понимать Библию! Как много тех, кто блуждает во тьме, до конца не поняв Слова Божьего, тех, кто, не понимая замысел Господний, живут в бездействии, тех, кто имеет «мертвую веру»! Уготована дорога в ад тому, кто говорит, что верит в Господа, но не верит в Него в душе своей.

«Лопата Его в руке Его, и Он очистит гумно Свое, и соберет пшеницу Свою в житницу, а солому сожжет огнем неугасимым» (Матфея 3:12).

Если бы знали они, как ужасен ад! Но Всемилостивый Бог Любви дал мне Слово Его, как орудие, чтобы превратил я таких, как они, из соломы в пшеницу.

Верить в Иисуса надо, понимая то, почему мы получаем спасение, уверовав в Него. Я очень подробно пояснил смысл Креста Христова. Тот, кто уверует в Крест, у того родится вера в спасение души его, и станет он пшеницей в гумне Господнем.

Господь поведал мне о втором пришествии. Он сказал мне, что близок час тот, когда вознесемся мы на небеса. Сказал о рае небесном, о заслугах и венце славы, что получим мы на небесах.

Я знал о славе, ждавшей меня, поэтому с еще большим рвением работал, спасая души людей и выполняя свою миссию. Какие же мучения выносили ученики Христа, благовествуя людям? Их бросали в котел с кипящим маслом, их резали и убивали, распинали вниз головой на кресте.

Но они лишь благодарили, восхваляли Бога и радовались. Чего ни сделаешь ради того, чтобы расширились границы Царства Небесного на земле, и получили спасение умирающие души.

Три задачи

Я еще раз задумался о моей роли в деле мирового миссионерства.

По воле Божьей во многие страны мира и, конечно, по Корее от нашей церкви были разосланы миссионеры. Там, куда они были посланы, они устанавливали церкви и спасали души людей. Через различные средства массовой информации и книги распространяли мы Благую Весть. Не было ничего более радостного, чем нести Благую Весть людям. Господь сказал мне «отправиться за горы, моря и реки, чтобы творить чудеса и знамения», и я с молитвой, верой и надеждой смотрю на будущее нашей церкви.

Вторая моя задача — превращать души людей в пшеницу в гумне Господнем. Господь направит каждую душу, что пришла к вере через меня, даст ей веру живую и силы жить по Слову Божьему.

Когда я только поверил в Господа, не нашлось ни одного человека, который бы научил меня молиться и объяснил смысл креста Христова. Я не знал, как мне идти к Богу, потому только через молитву получал ответ, как мне познавать Господа. Именно по этой причине в своих проповедях я очень подробно говорю о путях достижения божественного.

— Молитесь, преклонив колени и открыв врата души своей. Кричите, дабы услышал вас Бог.

— Сначала вознесите благодарственную молитву, затем молитву покаяния, молитву изгнания дьявола, молитву надежды. В молитвах просите Господа, чтобы пришло на землю Царствие Небесное, и снизошла справедливость Господня. И только потом молите Бога о своем, сокровенном, и тогда Господь обязательно ответит на молитвы ваши.

— Каждый получит по вере своей, поэтому ни на толику не сомневайтесь в силе Божьей.

Рассказывая прихожанам о чем-нибудь, даже самом малом, я старался в подробностях поведать им об этом, чтобы каждый рассказ мой помог им жить и действовать по Слову Божьему. Ибо живо Слово Господне и может менять души людей, и превращать солому в пшеницу.

Все мои мысли и планы направлены на то, чтобы превращать солому в пшеницу.

«Господи, помоги мне собрать богатый урожай пшеницы. Хотя недолго я служу Тебе, но верю, что направишь Ты меня и сделаешь тем, чья житница будет переполняться богатым урожаем пшеницы».

И третья моя задача — направлять свою церковь и паству, чтобы могли они достойно встретить Иисуса Христа.

Пшеница — это тот, кто родился от воды и Духа и живет по Слову Божьему.

Сначала может ничего не получаться, даже если

сердце ваше живет по Слову. Но если вы будете стараться выполнять Слово в действиях, то в молитве увидите силу Господа. Поэтому, когда появятся в вас плод Духа и плод правды, и снизойдет любовь Господня, то преисполнитесь вы Словом, молитвой и Святым Духом, и станете достойными встретить Господа.

«Итак бодрствуйте, потому что не знаете ни дня, ни часа, в который приидет Сын Человеческий» (Матфея 25:13).

Пять мудрых дев вместе со светильниками взяли масла, а пять неразумных, взявши светильники свои, не взяли масла. Потому пять неразумных дев так и не смогли встретить жениха (Матфея 25:1-13).

Нельзя допустить, чтобы мы были теми неразумными девами. Мы должны бодрствовать и ждать Господа. Мы должны первыми встретить Его, когда «Сам Господь при возвещении, при гласе Архангела и трубе Божией, сойдет с неба». Сначала вознесутся те, кто уже умерли во Христе, затем те, кто еще живы. Мы поднимемся высоко в небо, потому должны подготовиться к этому, как готовится невеста к свадебному торжеству.

Каждый раз, как я представляю картину, когда Господь сходит с небес, мне становится радостно. Разве это не радость? Как это прекрасно: встретить Господа, оставив бремя забот и печали на земле! Того же, кто во тьме, застанет день Божий, как тать ночью, но того, кто бодрствует и трудится, не застанет, как тать.

Мы все, как зерно, упавшее в землю, которое умрет, но принесет хорошие плоды, станем светом и солью мира этого и встретим первыми Господа. Встретим жениха нашего Иисуса с радостью и хвалой.

«Ей, гряди, Господи Иисусе!» (Откровение 22:20).

Ждите день тот и трудитесь, не покладая рук ваших, и спасайте души людей. Радость великая ждет всех нас, ибо близок день, когда позовет нас Господь, и вознесемся мы на небеса. Потому молитесь, живите по Слову Божьему и несите Благую Весть в мир.

Мне суждено было родиться в это время, когда осталось очень мало времени до Судного дня, потому много дел у меня для выполнения. Разве не счастье встретить Господа и вознестись на небо при жизни?

5. Всему сущему...

«Бог не человек, чтоб Ему лгать, и не сын человеческий, чтоб Ему изменяться. Он ли скажет, и не сделает? Будет говорить, и не исполнит?» (Числа 23:19).

Разве могу я не благодарить Господа за то, что Он подарил мне столько счастья?

Бог Отец сказал Симону, сыну Ионину: «И Я говорю тебе: ты — Петр, и на сем камне Я создам Церковь Мою, и врата ада не одолеют ее; И дам тебе ключи Царства Небесного; и что свяжешь на земле, то будет связано на небесах; и что разрешишь на земле, то будет разрешено на небесах» (Матфея 16:18,19).

Отец, благодарю Тебя за то, что избрал меня, жалкого и презренного человека, и послал в этот мир именно тогда, когда Ты должен скоро прийти!

Благодарю, Господи, Тебя за то, что показал мне силу Свою, сотворил чудо и дал мне веру глубокую в Тебя! Как мог бы знать я, глупый, Твой замысел и дела Твои, которые творишь Ты в мудрости великой?

Господь, Ты вел меня и дарил мне радость, помогал мне преодолевать горесть и печаль, отвечая на каждую мою молитву!

Благодарю Тебя за то, что правишь мною и даешь силу мне, чтобы я мог исполнить волю Твою! Слезы благодарности проливаю я, ибо ты дал мне мечту нести Весть о Тебе в мир, дал мне людей, как пшеницу.

Моя старшая сестра подарила мне жизнь истинную, поэтому я могу сказать, что она — моя спасительница.

Благодарю тебя, сестра моя, за то, что неустанно молилась за меня, глупого, гордого и самонадеянного, чтобы познал я Господа!

Разве жил бы сейчас на свете такой человек по имени Джей Рок Ли, если бы сестра не молилась за меня, проливая слезы, чтобы Господь исцелил душу мою и плоть? Разве случилось бы чудо исцеления, если бы сестра не верила в то, что, встретив Господа, я смогу избавиться от болезни?

Господи! Слишком много счастья. Если бы сестра не сумела передать мне Благую Весть, что бы я сейчас делал, и где бы скитался? Боюсь это даже представить. Ведь тогда был бы я тем, кому уготована дорога в ад, ибо не знал я любви Божьей и не верил в Иисуса Христа.

Сестра моя теперь служит мне, как служила бы Иисусу Христу. Не нахожу слов, чтобы выразить благодарность ей за то, что и сегодня продолжается ее молитва за меня. Благодарю тебя, сестра моя, за Весть, что поведала ты мне!

Спасибо моим родным за то, что заботились обо

мне в голоде и нищете! Спасибо близким и соседям за то, что помогали мне в моей нелегкой жизни! Спасибо друзьям за то, что помогли мне начать новую жизнь!

Благодаря им, я смог познать волю Божью и Его великую любовь.

Благодарю пастора Ли Енг Хуна и братьев моих по вере за то, что направляли меня и наставляли! Благодарю всех преподавателей и семинаристов, с кем пришлось мне встретиться во время учебы в семинарии!

Я не могу не поблагодарить одного дорогого мне человека, который был вместе со мной в горестях и радостях. Сейчас она является директором молитвенного дома Манмин. Ее зовут Ли Бок Ним.

Говорят, что от мужа зависит, будет ли счастлива женщина. Что мог я дать молодой жене? За семь лет моих болезней она успела вдоволь нахлебаться горя и страданий. Можно только предполагать, как ей было нелегко семь лет быть кормилицей семьи. Но, познав Господа, она научилась радоваться даже в горестях и нищете. Чтобы ни случалось в ее жизни, она с молитвой и благодарностью встречала любую трудность.

Если бы не ее поддержка, разве смог бы я учиться в семинарии? Только вера во Всемогущего Бога помогала ей выполнять свой долг. Сегодня она так же, как и многие другие люди, молиться за меня.

Благодарю супругу свою за ее труд, терпение и молитву!

Каждый раз, когда я вижу тех людей, которые были со мной рядом с самого начала открытия церкви, я благодарю Господа за то, что Он послал мне каждого из них. Я благодарю их и стараюсь отплатить им любовью за их преданность! Как дороги они мне! Если бы не были они послушными рабами Божьими, не было бы сегодня церкви Манмин.

Как Моисею Господь дал Аарона, так и мне Он дал друзей моих по вере и молитве. Когда мы молились вместе, то души наши сливались воедино. Господь отвечал на нашу молитву, явив славу Свою, спасая души людей и поднимая нашу церковь. Глубоки были духовные корни нашей церкви Манмин.

Господь послал мне многочисленное стадо овец Божьих, вооружил меня Словом через откровения и дал мне молитву, которую должен был я возносить, чтобы душа моя могла приютить и обогреть еще больше душ.

Он (Господь) выбрал тех, посвятивших себя молитве воинов, которые будут послушны до смерти, молясь за Царствие Небесное и Его Истину изо всех сил сердцем, мыслями и душой.

Каждый день посвятившие себя молитве воины Христовы приходили в храм Божий, чтобы помолиться. Каждое утро в 10 часов в молитвенном доме они собирались, чтобы молиться за больных душой и телом. После обеда они продолжали свои молитвы.

— Куда каждый день уходит твоя мама?
— В церковь.
— Разве в церковь ходят не только по воскресениям?
— В нашей церкви каждый день проходят молитвенные собрания.

Так из любопытства спросил преподаватель в школе у дочери одной из прихожанок нашей церкви и никак не мог понять, как может такое быть.

Разве мог он понять тех, кто благодарил Господа за встречу с Ним? Они — войско Креста Христова, отдающее себя в молитвах.

Благодарю их всех за то, что служат они Господу и неустанно возносят молитвы за спасение душ людских!

Как бы ни старался пастор, если паства его непокорна и не повинуется Слову, не будет Господь пребывать в такой церкви. Господь собрал в стенах церкви множество людей, и силой Своей и волей изменяет души их, и делает людьми Божьими через испытания.

Многие служители нашей церкви — пресвитеры, дьякониссы, дьяконы и другие — ведут беспощадную войну с грехом во имя любви к Господу. Вера в Господа помогает им жить Словом, повиноваться мне до самой смерти. Сейчас, когда так трудно во что-либо верить, они живут верой, надеждой, радостью и любовью. Я люблю и благодарю все молитвенное собрание, особенно лидеров, которые молятся более двух часов в день в нашей церкви.

И, наконец, я хотел бы поблагодарить пасторов и служителей моей церкви. Они неустанно молятся и проводят жизнь свою в молитвенном труде, чтобы Господь мог собрать как можно больше пшеницы.

Они усердно трудятся там, где не достает рука моя, не доходят ноги мои и не видят глаза!

Моя родная церковь и я твердо надеемся на Царство Божье. Хоть не видим мы ясно наград наших, мы их получим на небесах. Но мы будем уверенно идти к тому дню, когда получим великую любовь Господа в прекрасном Царствии Небесном, которое и есть наша настоящая родина!

Часть седьмая

Мой любимый человек

1. И всю славу...

Первого января 1985 года состоялась первая служба в новой церкви. Радость и ликование переполняли сердца прихожан церкви. Господь пополнил нашу семью новыми прихожанами, поэтому в прежней церкви на богослужениях не хватало мест. И Господь дал нам новое помещение. Новый год мы начали в новом храме, потому счастливы были мы все.

Для нас этот храм стал тем, чем стала земля Ханаанская для народа израильского, скитавшегося по пустыне сорок лет.

Господь направил пути церкви нашей

Семья наша духовная стала настолько большой, что нам вскоре потребовалась церковь с залом, способным уместить всех прихожан. Я молился за то, чтобы Господь помог нам в решении этой проблемы. Вскоре нашлось подходящее помещение. Здание было старым, но очень просторным. Но, когда мы собрались заключить контракт на аренду этого здания, оказалось, что владелец собирается снести его и построить на этом месте новое здание. Нам пришлось искать другое помещение. В то время, в 1984 году, в районе Тебангдонг не было здания с помещением более двухсот квадратных метров. Мы молились, чтобы Господь открыл нам дорогу. Вскоре мы нашли участок земли, где можно было построить временное строение. Получив разрешение от владельца, мы начали строительство. Но оказалось, что временные строения из легко воспламеняющегося материала подлежат сносу, поэтому стройка была закрыта.

Некоторые из прихожан уже стали открыто проявлять свое недовольство. Люди стали роптать на Господа, говоря: «Почему Господь позволил нам строительство в нелегальном здании, и разрешение это привело к расточительству?»

Я вознес молитву.

«Господь, содействующий всем ко благу! Верю, что на это есть воля Твоя и план Твой божественный. Люди храма Твоего тоже верят в это. Но некоторые из них ропщут и недовольствуют, обвиняя Тебя в том, что будто бы Ты закрыл путь нам. Господи, дай им понять план Твой, чтобы не жаловались и не недовольствовали они, но благодарили Тебя, верили и шли за Тобой. Господи, дай нам здание просторное, чтобы могли мы принять больше душ истерзанных и исстрадавшихся, которые обрели бы покой и получили спасение; чтобы могли мы нести Весть о Тебе в мир!»

И Господь услышал молитву мою и ответил на нее. Всем прихожанам я поведал об ответе Господнем.

«Дорогие и любимые дети Господни!

Господь сказал: «Вера есть осуществление ожидаемого и уверенность в невидимом» (Евреям 11:1). Еще Бог сказал: «С великою радостью принимайте, братия мои, когда впадаете в различные искушения, зная, что испытание вашей веры производит терпение; терпение же должно иметь совершенное действие, чтобы вы были совершенны во всей полноте, без всякого недостатка» (Иакова 1:2-4).

С радостью ли вы приняли испытание? Жили ли вы так, как завещал нам Господь: «Всегда радуйтесь. Непрестанно молитесь. За все благодарите: ибо такова воля Божия во Христе Иисусе» (1 Фессалоникийцам 5:16-18)? Господь через испытание верой воспитывает в нас терпение.

Живя в пустыне, народ израильский был свидетелем многих чудес Господних, но все равно жаловался на тяготы судьбы своей. Потому что не верили они и не знали, что Господь ведет их к земле Ханаанской, где текут молоко и мед. Не кажется ли вам, что сейчас мы походим на них? Господь даст нам храм, как дал израильскому народу землю Ханаанскую.

Так давайте же с терпением, с благодарностью и с радостью выдержим испытание и войдем в землю Ханаанскую!»

Как же подготовил нам Господь землю Ханаанскую? Вскоре свершились чудеса. Господь построил для нас прекрасный дворец на том месте, где было снесено здание, в которое мы хотели вселиться первый раз, и мы переехали туда. Аллилуйя!

Как израильский народ дошел до земли Ханаанской, до которой 3 дня пути, только через 40 лет, так и мы не смогли сразу получить землю, что искали, и после скитаний снова взошли на эту землю.

Господь укрепил в нас веру, укрепил веру людей в пастыря, потому что они видели, как свершается то, что было сказано Его устами, увидели они работу Его, содействующую ко благу.

Поэтому первое праздничное богослужение в новом храме стало удивительным фестивалем, показывающим милость и любовь Господню. В тот день церковь вся светилась от любви, радости и счастья.

Мой возлюбленный раб! Радующийся раб!

Я хотел не только получать любовь от Господа, но хотел порадовать Его. Господь поведал мне о своем чудесном замысле через победу, одержанную над клеветой и ложью, которой очернили меня перед открытием церкви, через Божью помощь, которую оказал мне Господь, направив путь нашей церкви и предоставив нам прекрасный дворец. Господь вложил в сердца прихожан послушание, чтобы повиновались они слову пастыря их. Он дал нам в пользование дворец, чтобы мы спасали души людей. Господь возжелал, чтобы я нес крест спасения душ людских, как нес его Иисус, чтобы распространял Благую Весть в мир и исцелял больных и страждущих.

В сердце моем я решил, что если Господь принимает меня, я должен еще больше возрадовать Его.

Я очень люблю один стих из Притч: «Любящих меня я люблю, и ищущие меня найдут меня» (Притчи 8:17).

Я люблю Господа. И поскольку тот, кто возлюбил Господа своего, живет по заповедям Его, я старался жить по Слову Его. И вознаградил меня Господь, благословив меня и подарив Свою любовь.

У меня есть любимое место Послания:

«А без веры угодить Богу невозможно; ибо надобно, чтобы приходящий к Богу веровал, что Он есть, и ищущим Его воздает» (Евреям 11:6).

Кто верит во Всемогущего Господа Бога, тот полагается в молитве не на людей, но только лишь на Него одного. Я верил в то, что Господь готовит рай небесный и воздает человеку по совершенным делам, поэтому усердно выполнял работу, завещанную мне Господом.

Все мы молимся за то, чтобы жить по Слову Божьему и в любви Господней. Мы должны верить в то, что Бог жив и воздаст каждому по вере его. Потому я искренне желаю каждому жить в молитве, исполняя свою миссию на земле и надеясь на Царство Небесное.

Слава Господу!

Я благодарил Господа и славил Его, ибо Он не оставил меня и до сих пор направляет пути мои.

Господь принял труды мои и старания, поэтому вера моя дала плоды. Плод этот есть не только мое духовное развитие, но и дух церкви Манмин и всех ее прихожан, потому что дороги они мне.

Господь дал мне огромную любовь, поэтому я

направлял каждого, чтобы он мог получить ее. Люди повиновались наказам моим и приносили духовные плоды.

Когда прихожане стали свидетелями того, как одной молитвой были спасены три мои дочери и молодой человек, они поверили в слова Божьи, что говорят: «Если сколько-нибудь можешь веровать, все возможно верующему» (Марка 9:23). Многие из них исцелялись одной молитвой, поэтому не переставали прославлять Господа.

Однажды в воскресенье вечером отправившаяся домой, после вечернего богослужения, одна из дьяконисс вскоре вернулась в церковь, неся на руках маленькую дочь в бессознательном состоянии. Она рассказала, что прямо перед домом ее пятилетнюю дочь сбило такси. От столкновения девочка отлетела на восемь метров и потеряла сознание. До смерти перепуганная дьяконисса попросила водителя такси ехать в церковь Манмин, на что тот ответил:

— Какая церковь! Да она умрет так. Вы с ума сошли!
— Молитва пастора спасет ее.
— Хм!
— Поезжайте быстрее на Тебангдонг!
— Ну, тогда я ни за что не отвечаю.

Ошеломленный водитель развел руками и поехал туда, куда требовала мать. Его трясло от волнения, дьконисса же верила, что все закончится благополучно. Я вознес Господу молитву.

«Господи, воскрешающий мертвых! Ты сказал нам,

что если сколько-нибудь можем веровать, все возможно верующему. Услышь мою молитву, убедись в глубокой вере этой женщины и спаси ее дочь! Да прославится Имя Твое!»

Пока мы молились, похолодевшее тело девочки стало теплеть. Мы решили успокоить перепуганного таксиста и разрешили отвезти девочку в больницу. Уже потом дьяконисса рассказала мне, что по дороге в больницу девочка пришла в сознание, а рентгеновские снимки показали, что никаких переломов у нее нет.

Узнав о случившемся, прихожане еще раз восславили Имя Господа и еще раз убедились в том, что Господь воскрешает из мертвых, если глубока вера того, кто просит и молится.

Да, славится Имя Его, ибо творит Он чудеса через меня, вселяет веру в каждого, кто слушает и видит чудеса эти, и помогает жить по Слову Его!

Господь через молитвенный дом Манмин лечит тела и души людей и помогает, денно и нощно, молиться за Царство Божье и Истину. Благодарю Господа Бога еще за то, что пребывает Он в каждом собрании, большом и малом, где все собравшиеся едины в любви, молитве, желании благовествовать и спасать души людей.

У каждой организации нашей церкви есть своя задача и роль в деле Божьем. Миссионерский центр и Детская воскресная школа отвечают за воспитание детей и распространение Благой Вести среди них. Воскресная школа для школьников радует Господа тем, что занимается благовествованием в школах и семьях. Собрание студентов занимается евангелизацией университетов. Собрание молодежи и Собрание Ханаан, куда входят молодые незамужние и неженатые люди, после окончания университета отдают свои силы и таланты на то, чтобы заниматься евангелизацией на работе, а также мировым миссионерством.

В нашей церкви есть миссионерское собрание «Свет и соль», члены которого являются работниками общепита и представителями индустрии перевозки и доставки товаров. Они трудятся и в воскресные дни. Члены этого собрания работают во многих универмагах и ресторанах Сеула. Надеюсь, что в скором будущем по всей Корее расширится сеть ресторанов и столовых, где будут работать прихожане нашей церкви.

Благодарю всех членов собрания старших прихожан за то, что несут они свою службу в семьях и на работе, являясь столпами Царствия Божьего, служа в церкви и шагая в первых рядах миссионеров!

Слава Господу за то, что заставил Он трудиться тела и души наши во имя Благой Вести!

Да, славится Имя Его, ибо, помогая мне, Он заботится о стаде Своем, направляет рабов Своих любовью спасать души людей и осуществлять мечту о евангелизации всего мира!

«Господь, ты позволил всем нам, от мала до велика, стать единой душой, жить по Слову Твоему и выполнять дело свое. Благодарю Тебя!

Да славится Имя Твое! Да явится слава Твоя в сердцах наших!»

2. По замыслу Его

Я благодарил и славил Господа за то, что Он спасает души людей и меняет их сущность, ибо для Господа одна единственная душа дороже всего сущего на земле.

Однажды через откровение Господь разъяснил мне Слово Свое. Он рассказал мне о моем месте в Царстве Небесном. Я был удивлен и растерян, потому что слишком велика была награда в сравнении с тем, что я сделал. Я не знал, куда себя деть, потому что не знал, как выразить благодарность Господу и расплакался.

По воле Божьей...

Господь завещал нам спасать души людей, несмотря ни на какие трудности и преграды, жить надеждой о Царстве Небесном и о награде, что получим мы там.

Господь передавал это через прихожан, в которых пребывает Дух Святой.

— Пастор, мы видели вас там. Вы сидите там среди прихожан. На голове у вас венец славы, а одеты вы в длинный хитон. Венок, что был у вас на голове, весь светился.

Я знал о месте своем на Небесах, потому обещал Господу, что буду еще более стараться жить по воле Его и замыслу.

«Кто любит отца или мать более, нежели Меня, не достоин Меня; и кто любит сына или дочь более, нежели Меня, не достоин Меня; И кто не берет креста своего и не следует за Мною, тот недостоин Меня. Сберегший душу свою потеряет ее; а потерявший душу свою ради Меня сбережет ее» (Матфея 10:37-39).

«Тогда Петр отвечая сказал Ему: вот, мы оставили все и последовали за Тобою, что же будет нам? Иисус же сказал им: истинно говорю вам, что вы, последовавшие за Мною, — в пакибытии, когда сядет Сын Человеческий на престоле славы Своей, сядете и вы на двенадцати престолах судить двенадцать колен Израилевых. И всякий, кто оставит домы, или братьев, или сестер, или отца, или мать, или жену, или детей, или земли, ради имени Моего, получит во сто крат и наследует жизнь вечную» (Матфея 19:27-29).

«Ибо, кто будет исполнять волю Отца Моего Небесного, тот Мне брат и сестра и матерь» (Матфея 12:50).

Господь желает, чтобы мы стали теми, кто живет по воле Божьей, любит Господа своего, славит Его, спасает души людские и достоин награды небесной.

Ибо заплатил он Кровью Своей за спасение душ наших, потому должны мы отдать долг наш перед Ним. А долг этот есть стать чадом Божьим и жить по воле Его.

Что же есть воля Божья?

Как крестьянин сеет семена и собирает осенью урожай, так же и Господь поселил на этой земле человека. Господь создавал все сущее на земле шесть дней, а на седьмой день отдыхал. Шесть тысяч лет Он взращивал человека, верующим же дал жить тысячу лет в Царствии, но через Суд Святой отправится доброе семя в рай, а плевелы в ад, и воссияют праведники в Царстве Отца, как солнце.

Почему же Господь шесть тысяч лет взращивал

человека?

Когда Господь создал человека и поселил его в саду Эдемском, он жил там многие тысячи лет, повинуясь воле Божьей. Поэтому история человека очень длинна.

Но Адам и Ева восстали против Господа, потому были изгнаны из Райского сада. И умер в них дух, и стали жить они по душе. Стали жить они не по Божьей, но по своей воле.

С тех пор в течение двух тысяч лет человечество жило во грехе, и действия и мысли его были во зле, поэтому Господь уничтожил все живое на земле, кроме Ноя и его семьи, потому что был он праведником того времени и совершенным человеком. После того родился Авраам, двенадцать сыновей Иакова построили израильское государство, и человечество просуществовало еще две тысячи лет до прихода Христа. Господь поведал через пророков о десяти заповедях, чтобы люди осознали грех свой и жили в страхе перед Судом Господним.

По замыслу Божьему явился на эту землю Иисус и оправдались мы верой. Прошло еще две тысячи лет с рождества Христова. Было сказано, что «Иисус, вознесшийся от вас на небо, приидет таким же образом, как вы видели Его, восходящим на небо», и потому мы должны подготовиться ко второму пришествию Христа.

Господь обладает человеческим и божественным телом одновременно, потому желает Он иметь детей, которых бы любил Он, и Его любили бы они. Шесть тысяч лет Господь взращивал человека, как шесть дней сотворял мир, чтобы собрать урожай в житницу Свою.

Чтобы стать истинными чадами Божьими

Так кто же такие — дети Божьи — и что должны они делать, чтобы исполнять волю Божью?

Во-первых, должны они быть людьми духа, что освободились от греха и живут жизнью освященной.

Приняв Господа, сердце будет веровать к праведности, а уста исповедовать ко спасению. И тогда дух наш будет стремиться к принятию Духа Святого и возжелает жить по воле Божьей, а плоть будет желать противного духу.

Но мы можем стать людьми духа и жить освященными, если будем слушать Слово и молиться, и тогда дух наш последует за Духом Святым. И станем мы теми, кто молится, радуется и благодарит за все Господа.

Во-вторых, тот, кто выполняет миссию свою и работу с усердием, тот получит награду небесную.

Бог желает создать Царствие Свое руками нашими, потому мы являемся работниками и должны выполнять долг свой и обязанности. Мы должны выполнять его дома, на работе, в школе и церкви.

В-третьих, мы должны восславить и возрадовать Господа.

Господь желает того, чтобы восславили мы Его. Он желает, чтобы стали мы светом и солью земли, осветили мрак и сделали соленою землю, и чтобы люди, увидев дела наши, уверовали тоже. Мы должны уподобиться пшеничным зернам, упавшим в землю и умершим, чтобы принести много плодов.

Еще Господь желает, чтобы дела наши были такими же, как дух наш, тогда удача будет сопутствовать нам, и тогда сможем восславить Его.

Желания плоти

Жизнь, о которой мы только что говорили, есть жизнь по воле Господней. Чтобы жить по Его воле, в первую очередь, мы должны забыть о своих желаниях, то есть о желаниях плоти. Вы можете недоуменно задать вопрос: «Как можно избавиться от желаний плоти?» На самом деле это очень легко.

До сегодняшнего дня я жил лишь по Слову и по Истине Божьей. Так жил Иисус, так жил Апостол Павел. И если вы человек верующей, то и вы сможете жить по Истине.

Что же нужно для этого сделать?

Когда покорность наша будет, как в Слове: «и всякое превозношение, восстающее против познания Божия, и пленяем всякое помышление в послушание Христу» (2 Коринфянам 10:5), то освободимся мы от желаний плоти и будет в нас лишь желание духа. То есть, мы должны забыть и отбросить любые наши знания и мудрость, если они идут вразрез со Словом, и следовать одному лишь Слову. И когда будем мы полностью действовать по Слову и вооружимся Им, то услышим мы голос Духа Святого.

Поэтому, столкнувшись с какой-либо проблемой, мы не должны ее решать своим умом и знаниями, а справляться с ней, приняв сердцем Слово и руководство Святого Духа.

И если мы будем слушать Святого Духа, пребывающего в нас, то впереди нас будет идти Сам Господь. Это означает, что стали вы человеком Духа и действуете по воле Его.

Иисус также, по воле Господней, умер на кресте. Безгрешный и чистый, Он отдал Себя на распятие, чтобы Господь мог получить истинных детей.

«И говорил: Авва Отче! Все возможно Тебе; пронеси чашу сию мимо Меня; но не чего Я хочу, а чего Ты» (Марка 14:36).

Апостол Павел был избит иудеями пять раз по сорока ударов без одного, три раза его били палками, однажды камнями, три раза он терпел кораблекрушение, ночь и день пробыл во глубине морской.

И выдержал он все это, ибо был избран Господом, чтобы возвещать имя Его пред народами, и царями, и сынами Израилевыми.

Нынешние временные страдания ничего не стоят в сравнении с той славою, которая откроется в нас.

Господь, посадивший Иисуса одесную престола Божьего, приготовивший Апостолу Павлу венец правды, явивший славу Свою в тех, кто живет надеждой на рай! Ты заставил меня еще усерднее выполнять работу Твою и поведал мне о награде, что ждет меня на Небесах. С надеждой на Царствие Небесное вооружаюсь я Словом, чтобы изгнать тень зла в душе моей, вести жизнь освященную и с честью выполнить свою миссию на земле. Господи, восславлю я Тебя, творя Тобою чудеса и знамения, спасая души людские и превращая плевелы в пшеницу за реками, горами и морями.

Мы должны быть не теми, кто говорит «Господи, Господи», но теми, кто живет по воле Его. И войдем тогда мы в прекрасное Царствие Небесное.

От всего сердца желаю, чтобы изгнали вы из душ ваших зло, жили освященными и выполняли с усердием миссию свою, чтобы восславить Господа нашего.

Сам я желал жить только так, как жил Иисус Христос, и как завещал нам Господь. И чтобы действовать по Слову, я любил Господа больше, чем жену и детей моих, потому Господь позвал меня на службу к Нему, дал мне в руки Слово, чтобы проповедовал я по земле, и поведал мне о награде, ожидающей меня на небесах.

Сердце мое было в восхищении перед вечной жизнью, что ждет меня в Царствии Небесном после того, как закончу я миссию свою на земле.

3. Вечность

Как и Апостол Иоанн проводил дни свои на острове Патмос в общении с Господом, так и я общался с Ним и получал откровения в одном живописном месте. Перед тем домом протекала речка, а за ним стоял густой лес. Вся местность вокруг была полями, где произрастали различные злаки. Нога человека так редко ступала на эту землю, что природа почти сохранила здесь свою первозданную красоту. Переправляясь через речку на лодке, можно было услышать шепот встречного ветерка, а в лесу — райское щебетание птиц. Почва здесь была такой нежной, что иногда мне даже хотелось лечь на нее и заснуть сладким сном. Все было прекрасно на этой земле: каждая песчинка, камень, травинка и деревце.

Одно время Господу было угодно, чтобы именно здесь

я читал Слово Его и возносил молитвы. Добираться до того места было очень неудобно, и иногда я даже сетовал на то, что на дорогу уходит слишком много времени. Но когда я приезжал туда, то суета и утомление от дороги уходили на второй план, и мне уже казалось, что я — почти в раю.

Откровение о Царствии Небесном

Это было за несколько дней до моего дня рождения, в мае 1984 года. Обычно в пятницу я возвращался из молитвенного дома в церковь, чтобы подготовиться к ночной службе в пятницу и к воскресному богослужению. Но в тот день Господь заставил меня остаться в молитвенном доме и начать пост, потому что хотел поведать мне правду о Царствии Небесном.

Горячие молитвы не остались без ответа, и в результате открылись небесные врата, чтобы поведать мне о тайном и сокровенном. С понедельника, в течение недели Господь рассказывал о рае. Счастье и радость того, что ты удостоен чести знать и слышать новость об этом, заставили меня еще раз преклонить колени перед Господом за милость Его и восславить Его.

Господь знал, что я буду счастлив получить такой подарок, но не в веселье, а в молитве и посте.

Он сравнивал Царствие Небесное с «человеком, сеющим доброе семя на поле свое», с «сетью, что закинута в море, чтобы собрать разную морскую рыбу». Этим Он хотел сказать, что в конце мира ангел будет провожать праведника в рай, а грешника — в ад.

Нет на свете ни одного праведника, но если уверуем

в Иисуса Христа, то оправдаемся мы и попадем туда, где горят благовония, и счастье и радость живут вечно. Тому же, кто не верит в Иисуса Христа, уготована вечная жизнь в аду, в вечных муках и страданиях, и где горит неугасаемый огонь. Кто верит пред судом — получит жизнь вечную, кто не верит — будет жить в вечных муках. Так закончится шеститысячелетняя история человечества и тысячелетняя история Царствия, и начнется вечный мир.

Рай на небесах

«Да не смущается сердце ваше; веруйте в Бога и в Меня веруйте. В доме Отца Моего обителей много; а если бы не так, Я сказал бы вам: "Я иду приготовить место вам". И когда пойду и приготовлю вам место, приду опять и возьму вас к Себе, чтоб и вы были, где Я» (Иоанна 14:1-3).

Мы должны знать, что приходим в этот мир не по своей воле, но по воле Господней, и то, насколько мы жили по воле Его, решит место нашего вечного пребывания.

Справедливый Господь Бог воздает ровно столько, сколько человек посеял. Если человек посеял веру, то получит в награду рай, если же неверие, то ад. Насколько мы жили по воле Господней? От этого и зависит, какова будет наша награда, и где именно мы будем жить. Естественно, что верующий и неверующий получат каждый свое.

Прочитывая Библию, вы можете встретить много мест, где говорится о том, что в раю тоже есть свои уровни: во 2 Коринфянам (12:2) говорится о «третьем небе», во Второзаконии (10:14) о «небе и небесах небес», в Псалтири (148:4) говорится о «небесах небес», Третья книга Царств (8:27) и Неемия (9:6) повествует о «небе и небе небес».

Мы можем узнать об этом от Святого Духа, которого посылает нам Господь, если мы всей душой желаем познать это. Все Царствие Небесное можно разделить на рай: первый, второй и третий уровни и Новый Иерусалим. Также мы можем убедиться в том, что и у каждого верующего своя степень веры.

В Послания к Римлянам (12:3) апостол Павел сказал нам: «По данной мне благодати, всякому из вас говорю: не думайте о себе более, нежели должно думать; но думайте скромно, по мере веры, какую каждому Бог уделил». Если бы не было разницы в мере и степени веры, то никто и не стремился бы обрести ее раньше или стать сильным в ней.

Если мы прочитаем стихи, где Иисус упрекает учеников в недостатке веры: «И сказал им: что вы так боязливы? Как у вас нет веры?» (Марка 4:40), «Что вы так боязливы, маловерные?» (Матфея 8:26), или, наоборот, хвалит сотника за его сильную веру: «Истинно говорю вам: и в Израиле не нашел Я такой веры», то можем легко понять смысл вышесказанного. Я понял, что если мера веры в каждом разная, то и места обитания в раю будут разными.

Давайте подробнее рассмотрим Царствие Небесное: с его самого низшего и до высшего уровня.

Один из разбойников, что были распяты вместе с

Иисусом Христом, лишь принял Иисуса, но не был тем, кто жил по Слову Божьему. Не было действий, потому не было заслуг, но раскаялся он и принял Христа, потому просто попал в рай.

Следующая ступень веры — это, когда человек получает спасение, слушает Слово и пытается жить по нему, но не всегда делает это хорошо. Такие люди попадают на первый уровень и получают венец нетленный (1 Коринфянам 9:25-27).

Следующая ступень — это, когда человек борется с грехом, чтобы жить по Слову. Такие люди попадают на вторую ступень рая. Так как боролись они с грехами, жили по Слову и славили Господа, то получают они неувядающий венец славы (1 Петра 5:4).

На следующий третий уровень, попадают те, кто живет только лишь по Слову Божьему и бесконечно любит Господа. Жизнь их прошла в беззаветном служении Богу, потому Господь дал им в награду венец жизни (Иакова 1:12, Откровение 2:10).

Есть в Царствии последняя наивысшая ступень, куда попадают люди, глубоко любящие Господа и возрадовавшие Его своим служением. Она называется Небесный Иерусалим. Им Господь дает в награду венец правды (2 Тимофею 4:8) и золотой венец (Откровение 4:4).

Я постиг, что так в Царствии Небесном по вере раздаются награды и места вечного обитания, потому твердо решил, что хочу войти в Царствие, возрадовав Господа.

Велика разница между уровнями. Как на земле резко отличаются друг от друга большой город, деревня, остров. Многие люди стараются жить в больших городах и переезжают туда. Если бы вы смогли воочию увидеть разделение Царствия Небесного, то обязательно захотели бы войти именно в Новый Иерусалим.

Если тот, кто обитает в Новом Иерусалиме, попадет на второй уровень Царствия, то свет, исходящий от него, будет слепить всех, кто обитает там и заставит их преклонить свои колени перед ним, как если бы это был царь или король. Так различны степени славы существ, обитающих на разных уровнях. Тот, кто обитает на втором уровне, не может по своему желанию попасть на другой уровень, потому что врата между уровнями хранят ангелы и по свету могут определить, к какому уровню он принадлежит.

И жизнь эта вечна. Куда бы вы хотели войти?

Это решает Господь Бог по делам вашим и по жизненному пути.

Тем, кто живет на уровне «рая», не даны отдельные хижины, ибо не жили они по Слову и не творили добрых дел. Тем же, кто живет по Слову, уже сейчас на небесах ангелы строят жилища из драгоценных камней и золота.

Царствие Небесное — это мир, переходящий границы понятия времени и пространства. Он очень похож на мир, в котором мы сейчас живем, поэтому его очень легко представить. В этом удивительном вечном мире мы можем летать, ибо туда может войти лишь дух, а не тленная плоть.

Какой же он — рай?

От трона Господнего льется вода жизни и по очереди орошает третий, второй, первый уровни, затем «рай», и возвращается обратно.

Представьте, что вы стоите на берегу реки жизни, где протекает кристально чистая вода. Под ногами у вас золотистый и серебряный песок. А вкус у той воды не идет ни в какое сравнение со вкусом самой чистой и вкусной воды в этом мире.

Все в том мире построено из драгоценных камней и золота, нет пыли и грязи, воров и злых людей. Все дороги вымощены золотыми камнями. Все сотворено Божьей рукой. Разве это не прекрасно?

Произрастают в раю травы, цветы и деревья и обитают животные. И все они живут в гармонии и любви.

Каждый месяц дерево жизни дает двенадцать видов плодов — все они разные на вид и вкус. Там, где срывается один плод, тут же появляется второй такой же. Воистину удивительный мир!

Мы можем вкушать еду ртом или обонять ее, отчего преисполняемся радостью. Любопытно, куда же девается все, что мы съедаем? Невозможно представить в раю грязный туалет. Все, что мы съедаем, расщепляется и превращается в аромат, который мы выдыхаем.

Какими мы будем в раю?

Мы будем похожи по образу своему на Иисуса

Христа. Тело наше будет состоять из нетленных костей и мышц, а дух и душа из нетленной плоти. Не потребуется нам открывать двери, чтобы пройти через них. Скажите, разве это не удобно?

Мы будем похожи на 33-х летнего Иисуса, лица наши будут бледными и белыми, как мрамор. У мужчин рост будет 180 см, а у женщин — чуть меньше. Волосы у мужчин короткие до ушей, а у женщин, в зависимости от заслуг длина волос разная. Чем больше заслуг, тем длиннее волосы.

Те, кто в этом мире были калеками и инвалидами, в Царствии Небесном получат совершенные тела. Разве это не радость?

В раю не женятся и не выходят замуж, но там души родственников могут узнать души своих жен, мужей и детей, особенно легко друг друга узнают пастор и паства. Одна семья может жить вместе. Все люди, что живут в раю, светлы духом своим, поэтому мудрее, чем были они в этом мире.

Какая жизнь в раю?

Господь наденет на нас льняные одежды и даст каждому награду, что он заслужил. Драгоценный подарок, что дал Господь, каждый может носить с собой там, где он обитает, чтобы все видели, как любит вас и хвалит Господь. Господь позволяет прокатиться на облаке славы. В раю проводятся пиршества, на которые могут все прийти и повеселиться, просмотреть кадры из мирской жизни, что были засняты, и обсудить их. В раю происходит много прекрасных и удивительных вещей.

За одну неделю Господь поведал мне очень много о Царствии Небесном. О многом я еще не имею права говорить вам, но скоро вы сможете обо всем прочитать в другой книге, которую я хотел бы посвятить рассказу о Царствии Небесном.

Есть вечный и прекрасный мир, и Господь готовит там жилища для нас, потому мы должны ждать прихода Его и жить по Слову Его, чтобы войти в рай.

Мы знаем, что если постараемся и потрудимся, то сможем поступить в хороший университет, найти хорошую работу или занять хороший пост. Так и в Царствии Небесном: по делам нашим и жизни, что прожили на земле, даются жилище, венец и награды. И даются они навечно.

Иисус сравнил независимость Израиля со смоковницей.

«От смоковницы возьмите подобие; когда ветви ее становятся уже мягки и пускают листья, то знаете, что близко лето; так, когда вы увидите все сие, знайте, что близко, при дверях. Истинно говорю вам: не прейдет род сей, как все сие будет» (Матфея 24:32-34).

«Итак, бодрствуйте, потому что не знаете, в который час Господь ваш приидет. Но это вы знаете, что если бы ведал хозяин дома, в какую стражу придет вор, то бодрствовал бы и не дал бы подкопать дома своего» (Матфея 24:42-43).

«Ибо, когда будут говорить: "мир и безопасность", тогда внезапно постигнет их пагуба, подобно как мука родами постигает имеющую во чреве, и не избегнут. Но вы братия, не во тьме, чтобы день застал вас как тать; Ибо все вы — сыны света и сыны дня: мы — не сыны ночи, ни тьмы. Итак, не будем спать, как и прочие, но будем бодрствовать и трезвиться» (1 Фессалоникийцам 5:3-6).

Господь поведал мне, что недалек тот день, когда Иисус снова придет на эту землю. Но не знаю, в какой день и в какой час произойдет это. И поведал Он это не только мне, но и многим другим людям, открытым душой и духом своим. Сколько же будет людей тех, кто не умрет, но которых воззовет Господь?

Очень часто я испытываю минуты радости и счастья, когда представляю, что меня ожидает вечная жизнь в раю рядом с Господом. Поэтому вся моя жизнь на этой земле посвящена тому, чтобы выполнять свою миссию и быть хорошим пастухом для стада своего.

«Аминь. Ей, гряди, Господи Иисусе!»

Об авторе
Доктор Джей Рок Ли

Доктор Джей Рок Ли родился в Муане провинции Чолла-нам (Республика Корея) в 1943 году. В возрасте двадцати лет у преподобного д-ра Ли был диагностирован целый ряд неизлечимых заболеваний. Семь долгих лет он страдал от болезни и ожидал смерти, не надеясь даже на выздоровление. Но весной 1974 года, находясь в церкви, куда его привела сестра, желавшая помолиться о выздоровлении брата, он внезапно обрел Божье исцеление от всех болезней.

В тот самый момент преподобный д-р Джей Рок Ли встретил Живого Бога, возлюбил Его всем сердцем и душой, а в 1978 году получил призвание к служению Богу. Он горячо молился о полном понимании и исполнении воли Божьей, полностью следуя Его Слову. В 1982 году он основал церковь Манмин Чунан в Сеуле (Южная Корея), в которой происходили многочисленные Божьи деяния, включая чудесные исцеления и знамения.

В 1986 г. преподобный д-р Ли был рукоположен на пасторское служение на Ежегодной ассамблее церкви Иисуса в Сунькйул (Корея), а спустя четыре года, в 1990 году, его проповеди стали транслироваться Дальневосточной широковещательной компанией, Азиатской телерадиокомпанией и Вашингтонской христианской радиокомпанией в Австралии, России, на Филиппинах и в других странах.

Еще через три года, в 1993 г., Центральная церковь «Манмин» вошла в список «пятидесяти ведущих церквей мира» журнала «Крисчиан Уорлд» (США), а сам пастор получил почетную степень доктора богословия от колледжа «Крисчиан Фэйт» (Флорида, США). В 1996 он получил степень доктора философии служения в теологической семинарии «Кингсуэй» (Айова, США).

С 1993 года д-р Ли ведет миссионерское служение в США, Танзании, Аргентине, Уганде, Японии, Пакистане, Кении, на Филиппинах, в Гондурасе, Индии, России, Германии и Перу. В 2002 году за проведение миссионерских кампаний за рубежом был назван «всемирным пастором» редакцией крупной христианской газеты в Южной Корее.

На май 2010 года Центральная церковь «Манмин» насчитывает более 100 тыс. прихожан и 9 тыс. приходов в Корее и других странах, направляя более 131 миссионеров в 23 стран, включая США, Россию, Германию, Канаду, Японию, Китай, Францию, Индию, Кению и многие другие.

На сегодняшний день преподобный д-р Ли является автором 59 книг, включая такие бестселлеры, как «Откровения вечной жизни в преддверии смерти», «Моя жизнь, моя вера»(I и II), «Слово о Кресте», «Мера веры», «Небеса» (I и II), «Ад» и «Сила Божья». Его труды переведены на более чем 44 языков.

В настоящий момент преподобный д-р Ли возглавляет многие миссионерские организации и ассоциации, в том числе является председателем Объединенной корейской церкви Святости, президентом Национальной Евангелизационной газеты, президентом Всемирной миссии Манмин, основателем Манмин ТВ, основателем и председателем совета «Глобальной христианской сети» (ГХС), «Всемирной сети врачей-христиан» (ВСВХ), основателем и председателем совета Международной семинарии Манмин (МСМ).

Другие книги автора

Небеса I: чистые и прекрасные, как кристалл
Небеса II: преисполненные славы Божьей

Подробное изложение великолепного окружения, которым наслаждаются небесные граждане, пребывая в Божьей славе.
Святой город Новый Иерусалим и его двенадцать жемчужных ворот находятся посреди бескрайнего неба, сияя, как драгоценность.

Ад

Искреннее обращение ко всему человечеству от Бога, Который не хочет, чтобы хоть одна душа попала в глубины ада!

Слово о Кресте

Послание пробуждения, предназначенное для всех людей, которые духовно спят. В этой книге вы найдете истинную Божью любовь. Почему Иисус – наш Единственный Спаситель? .

Мера Веры

Какие небесные обители, венцы и награды уготованы нам на Небесах? Эта книга станет для читателя источником мудрости и руководством для определения меры своей веры и роста в в ней

Пробудись, Израиль!

Почему Бог не спускает глаз с Израиля от начала мира и по сей день? Каково на последние дни провидение Бога для Израиля, ожидающего Мессию?

www.ingramcontent.com/pod-product-compliance
Lightning Source LLC
LaVergne TN
LVHW041914070526
838199LV00051BA/2614